Programmazione NeuroLinguistica
Partendo da Capo

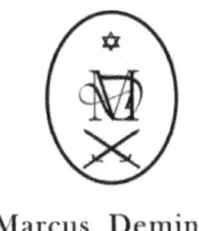

Marcus Deminco

Marcus Deminco

Tradotto da Serena Cuoghi
Copyright © 2019 – Marcus Deminco
Tutti I Diritti Reservados | Salvador – Bahia – Brazil
ISBN: 9781074665999
Independently Published

Se cerchi una lettura piacevole, leggera e serena, che faccia passare leggero ed inosservato il tempo, come l'aria fresca della sera, raccomando i libri di qualche altro autore più misurato, piacevole e bello. Io non scrivo per lettori delimitati da le parole. Per quelli senza immaginazione – che osservano soltanto quello che la vista cattura – credo che cartoline, fotografie e riviste colorate, varranno molto di più della mia ricerca viscerale, nel tentare trovare parole che esprimano ciò che veramente sento (Marcus Deminco).

SUMÁRIO

(1) Introduzione alla Programmazione NeuroLinguistica

1.1. Definizione

La descrizione più precisa, riguardo al significato complesso di ciò che comprende la Programmazione NeuroLinguistica (**PNL**), ci consente di esaminare le più svariate considerazioni. In breve, secondo uno dei suoi predecessori, l'americano Richard Bandler:

"La Programmazione NeuroLinguistica è lo studio della struttura dell'esperienza soggettiva dell'essere umano, il modo in cui la comunica per la sua vita, e cosa si può fare con esso [...] è stato specificamente creata per permetterci di fare magie, sviluppando nuovi modi di comprendere come la comunicazione verbale e non verbale influisce sul cervello, presentandosi quindi come un'opportunità insolita, non solo per comunicarci meglio con noi stessi e con gli altri, ma anche per imparare come ottenere un maggiore controllo su cose che consideriamo funzioni automatiche della nostra neurologia, è un processo educativo su come usare meglio il cervello".

Inoltre, secondo il suo altro co-creatore, lo psicologo, linguista e autore americano, John Grinder: "La **PNL** è una strategia di apprendimento accelerata per l'individuazione e l'uso di modelli nel mondo [...] È l'epistemologia del tornare a ciò che perdiamo – uno stato di grazia".

Per il Trainer in Programmazione NeuroLinguistica, Getúlio Barnasque (1996): "La **PNL** è lo studio del come rappresentiamo la realtà nella nostra mente, e di come possiamo percepire, scoprire e modificare queste rappresentazioni interne per ottenere i risultati desiderati.".

Il direttore delle Risorse Umane, Claudio Domingos, va un po più in là. Per lui, la **PNL** studia come funziona la mente e come sono strutturati i pensieri, le emozioni e la comunicazione. In questo modo, possiamo riprogrammare la mente, cercando di eliminare gli ostacoli e / o le paure che possono ostacolarci. Usiamo la stessa energia che la mente spenderebbe per provare paura, panico e blocchi, solo che facendo la retromarcia: usando questa energia per lavorare a favore della persona [...]. Nel caso in cui la realtà non possa essere cambiata, possiamo cambiare il modo come agiamo di fronte agli eventi. Ad esempio, invece di dire: "Non posso essere nervoso durante il test". - Di': "Sarò calmo!" Invece di "Non dimenticherò tutto quello che ho imparato". - Di': "Ricorderò tutto ciò che ho imparato".

Allo stesso modo, oltre a queste brevi e varie descrizioni, non possiamo non considerare il significato dettagliato attribuito da uno dei principali autori di libri sull'argomento, l'antropologo

Joseph O'Connor. Secondo questo autore, la Programmazione NeuroLinguistica è un un'espressione alquanto oscura che in realtà comprende tre semplici idee:

La parte **"Neuro"** riconosce l'idea fondamentale che tutti i nostri comportamenti nascono da processi neurologici: visione, udito, olfatto, palato, tatto e altre sensazioni. Quindi, percepiamo il mondo attraverso i cinque sensi. "Comprendiamo" le informazioni e poi agiamo. La nostra neurologia include non solo processi mentali invisibili, ma anche reazioni fisiologiche a idee ed eventi. Alcuni riflettono gli altri a livello fisico. Corpo e mente formano un'unità inseparabile, un essere umano.

La parte **"Linguistica"** indica che usiamo il linguaggio per ordinare i nostri pensieri, comportamenti e comunicare con gli altri. Mentre **"Programmazione"** si riferisce al modo in cui ordiniamo le nostre idee e azioni per produrre i migliori risultati, tra ciò che pensiamo e come lo facciamo capire.

In questo modo, la Programmazione NeuroLinguistica si occupa della struttura dell'esperienza umana soggettiva, e di come organizziamo gli eventi attraverso i nostri sensi. Inoltre, la **PNL** esamina anche come descriviamo questi eventi attraverso il linguaggio e come agiamo, intenzionalmente o no, per produrre i risultati desiderati.

Neuro	Processi neurologici attraverso i quali la nostra esperienza viene elaborata attraverso i cinque sensi.	Visuale Auditivo Cinestesico Olfattivo Gustativo
Linguistica	Linguaggio e / o altri sistemi comunicativi (verbali e non verbali) attraverso i quali le nostre rappresentazioni mentali sono codificate, ordinate per comunicare con il mondo.	Immagine Suoni Sentimenti Gusti Odori Parole
Programmazione	Come organizziamo le nostre idee e azioni al fine di ottenere risultati specifici e desiderati.	

Tabella 1. Immagine illustrativa del concetto di **PNL** di Joseph O'Connor.

La **PNL** è pratica. È un insieme di modelli, abilità e tecniche che ci permettono di pensare e agire in modo più efficiente nel mondo. Il suo obiettivo è essere utile, offrire più scelta e migliorare la qualità della vita. Dobbiamo scoprire cos'è utile e ciò che funziona attraverso le nostre esperienze. E ciò che è più importante, quando scopriamo cosa non funziona, dobbiamo modificarlo fino a quando non produce risultati funzionali. Questo è lo spirito della **PNL**" (O'CONNOR. E SEYMOUR, 1990).

"Può essere intesa come l'arte e la scienza dell'eccellenza, cioè delle qualità personali. È un'arte perché ogni persona imprime la sua personalità e il suo stile a ciò che fa, che non può mai essere colto attraverso le parole e le tecniche. Ed è la scienza perché utilizza metodi e processi per determinare gli schemi personali utilizzati per ottenere risultati eccezionali in quello che fanno.

Questo processo è chiamato modellaggio e i modelli, le abilità e le tecniche scoperte attraverso il suo uso sono sempre più utilizzati nelle terapie, nel campo dell'istruzione e della professione, per creare un livello più efficiente di comunicazione, migliore sviluppo personale e apprendimento più rapido. "Hai fatto qualcosa così efficacemente al punto da essere colpito?" "È successo a te di ammirare come hai fatto qualcosa e poi riflettere su come sei riuscito a farlo?" La Programmazione NeuroLinguistica ci insegna a capire e modellare i nostri risultati di successo, per poter ripeterli."

Attraverso la **PNL**, puoi anche imparare a sviluppare strategie personali, per scoprire il modo migliore per agire nelle più svariate situazioni di avversità e pressioni, che sorgono nel corso naturale delle nostre vite. La Programmazione NeuroLinguistica usa il linguaggio come meccanismo per alterazioni neurologiche, sviluppando attraverso di esso le sue migliori prestazioni personali e professionali.

La **PNL** è, quindi, un modo di modellare altri comportamenti (nostri o di altri), ma unici nel senso che permette a qualcuno di iniziare a comprendere la struttura dell'esperienza interna. Ciò significa che la nostra esperienza è fatta di visualizzazione (immagini), esperienze e sensazioni uditive. La **PNL** è il primo modello in grado di osservare la relazione tra il modo in cui elaboriamo neurologicamente le informazioni e l'effetto di ciò sul nostro comportamento e sentimento.

La **PNL** studia la struttura dell'esperienza soggettiva. La struttura è intesa come immagini, suoni o dialoghi e sensazioni interne con cui la persona crea le sue esperienze interne, e influenza il loro comportamento esterno. Imparare ad avere il controllo sulla propria vita è ciò che ti interessa. Impara a guidare il tuo autobus, cioè fare in modo che le tue esperienze soggettive avvenute in modo casuale, siano dirette a funzionare in modo più vantaggioso. La **PNL** è quindi una nuova scienza, e una forma d'arte, che ci offre strumenti per influenzare processi specifici mediante i quali creiamo le nostre esperienze soggettive.

La regola principale in **PNL** è che se stai cercando problemi, li troverai; se stai cercando cose che vuoi evitare, le troverai. Molte persone trascorrono troppo tempo alla ricerca di ciò che potrebbe andare storto. Parte del problema è esattamente, quell'orientamento negativo. Dopotutto, se cerchi sempre ciò che non funziona sicuramente lo troverai. Se dirigi la tua energia solo cercando ciò che può andare storto, ciò creerà condizioni favorevoli all'errore. Questa è chiamata Self Realizableizable Prophecy (o profezia che si autoavvera).Si riferisce al processo in cui una persona che crede nella possibilità che si verifichino determinati eventi, contribuisca in modo tale che, in effetti, si verificano, senza percepire la sua partecipazione.

Ad esempio, una persona che crede che un certo collega non le voglia bene e voglia escluderla dalle attività del tempo libero, può agire in un modo che è chiuso o aggressivo con questo collega, e lo farà come un modo per difendere qualcosa che lei immagina che stia già succedendo. Cioè, immagina che sia già stato respinto da un tale collega. Ciò che questa persona non percepisce, è che i suoi comportamenti aggressivi possono creare in questa collega antipatia con lei, e che poi finisca per non invitarla alle attività di svago, extra lavorative, a cui vorrebbe partecipare. Questo processo non è cosciente e questa persona non sempre vuole che succedano tali cose, ma piuttosto "profetizzare", cioè, credere che le accaderanno, finirà per collaborare ad ottenere questa fine, senza almeno percepire quanto ha interferito nel risultato.

Certo, alcune cose possono andare storte, mentre altre possono funzionare. Ovviamente, affronterai entrambe le probabilità durante la vita. Tuttavia, se si dà sempre la priorità alla ricerca di quelle che funzionano di più, si avrà sicuramente più possibilità di trovarle.

Una delle principali sfide della **PNL** è permettere alle persone di prendere il controllo delle proprie evoluzioni cognitive e diventare consapevoli di che le loro immagini, voci e sensazioni interne appartengono a loro, e che possono manipolare queste immagini, voci e sensazioni dello stesso modo che usano le dita per aprire la maniglia di una porta. È far capire alla gente che cosa pensano che la realtà sia, è soltanto il loro modello di realtà, ed aiutarli a cambiare posizione verso dove possano dire "se questo è solo un modello, preferisco avere quell'altro".

Il più importante di tutto è l'atteggiamento. Senza un atteggiamento e un sistema di credenze adeguato, state solo pronunciando parole e non facendo **PNL**. Questo atteggiamento è facile da descrivere: tutto è possibile di ottenere. Quando hai questa convinzione, puoi mettere da parte la tua attuale convinzione su ciò che è possibile e ciò che non è possibile; puoi iniziare a scoprire cosa si può fare.

Quindi, non importa quale difficoltà tu affronti, hai due opzioni: o puoi farlo o non puoi ancora farlo, quindi inizierai a cercare quello che devi fare per renderlo possibile. Non appena ritieni che qualcosa possa essere fatto, cercherai di fare il meglio che puoi e trovare gli strumenti e le abilità per farlo accadere.

La **PNL** ci insegna a pensare alle soluzioni. È costituita in un modo unico e aggiornato di riflettere sul nostro mondo. Con la **PNL**, puoi imparare a influenzare te stesso e le tue relazioni con gli altri ed avere il tipo di esperienza di vita che desideri. La **PNL** lavora nella costruzione di soluzioni nel mondo degli affari, dell'insegnamento, della terapia e delle relazioni personali. Se sei qualcuno che vuole andare al di là dell'efficienza nel tuo lavoro e nella tua vita personale, se vuoi non solo avere successo, ma anche raggiungere un'evoluzione più grande, allora l'allenamento della **PNL** può essere per te.

Ognuno di noi è un miracolo che aspetta di accadere. La **PNL** offre nuovi mezzi di convivenza con gli altri e con noi stessi, al fine di liberare il miracolo che siamo. Alcune persone usano le loro capacità di **PNL** per ottenere nuovi successi nelle loro carriere. Altri li usano per aiutare gli altri a sviluppare le loro potenzialità. Ancora più importante, con la **PNL** si decomprime internamente e si creano relazioni più ricche nella vita.

La **PNL** si basa sulla scoperta di esempi di eccellenza e sulla comprensione di come queste persone fanno ciò che fanno, in modo che possiamo adottare questi modelli di eccellenza e usarli nelle nostre vite. Con la **PNL**, puoi cambiare il tuo modo di pensare, i sentimenti, i comportamenti e persino le convinzioni, per creare un profondo cambiamento personale e per aiutare gli altri a ottenere più risorse e diventare più efficaci.

Il successo personale e professionale di ognuno di noi dipende dalla capacità di comunicare in modo efficace. Genitori, terapisti, consulenti, medici, educatori, manager, avvocati, addetti alle vendite, coach e altri che dipendono dalla qualità della loro comunicazione, continuano a beneficiarsi dell'apprendimento della **PNL**.

"La Programmazione NeuroLinguistica non ha qualcun impegno per la teoria, ma al contrario ha le caratteristiche di un modello - un insieme di procedure la cui utilità, e non la verità, è la misura del suo valore. La **PNL** presenta strumenti specifici che possono essere efficacemente applicati in qualsiasi interazione umana. Offre tecniche specifiche attraverso le quali un professionista può organizzare e riorganizzare in modo utile la propria esperienza o l'esperienza di un'altra persona, per definire e successivamente garantire qualsiasi risultato comportamentale". (DILTS, 1980)

1.2. Come È Nata?

La storia della **PNL** nasce da una società improbabile che ha creato una sinergia inaspettata che ha portato ad un mondo di cambiamenti. All'inizio degli anni '70, uno degli allora creatori della **PNL**, Richard Bandler, studiava matematica all'Università della California, a Santa Cruz. All'inizio, passò la maggior parte del suo tempo dedicato all'informatica.

Incoraggiato, tuttavia, da un amico di famiglia che conosceva diversi psicoterapeuti innovativi di quel tempo, decise di entrare nel corso di psicologia. Dopo aver studiato scrupolosamente alcuni di questi rinomati terapisti, Richard sentiva che – riproducendo pienamente i modelli di comportamento personali – poteva ottenere risultati positivi simili con altre persone. La sua scoperta diventerebbe la base iniziale per l'approccio della **PNL**, conosciuta come Modeling Human Excellence (Modellaggio della Eccellenza Umana).

Poco dopo, Richard Bandler ha incontrato il Dr. John Grinder, professore assistente di linguistica. La carriera di Grinder era unica come il lavoro di Bandler. La sua capacità di apprendere rapidamente le lingue, acquisire accenti e assimilare i comportamenti era stata migliorata nella Forza Speciale dell'Esercito Americano in Europa negli anni '60, e poi esercitata quando era membro dei servizi di intelligenze operativi in Europa. L'interesse di Grinder per la psicologia era allineato con l'obiettivo fondamentale della linguistica: rivelare la grammatica nascosta del pensiero e le azioni.

Data la grande somiglianza tra i loro interessi, hanno deciso di unire la loro conoscenza dell'informatica e della linguistica, insieme alla capacità di copiare comportamenti non verbali, con lo scopo di sviluppare un "linguaggio del cambiamento".

Poi, i martedì sera, Richard Bandler guidava un gruppo di terapia della Gestalt, composto da studenti e membri della comunità locale. Ha usato come modello il suo fondatore iconoclasta, lo psicoterapeuta e psichiatra tedesco Fritz Perls. Per imitare il dottor Perls, alla fine Richard si fece crescere la barba, andò a fumare una sigaretta dopo l'altra e iniziò a parlare inglese con accento tedesco.

I giovedì sera, Grinder guidò un altro gruppo, usando i modelli verbali e non verbali del dottor Perls, che aveva visto e sentito usare a Richard il martedì sera. A livello sistemico, hanno poi continuato a non manifestare più quello che pensavano fosse un comportamento irrilevante (l'accento tedesco, l'abitudine di fumare) finché non hanno scoperto l'essenza fondamentale delle tecniche di Perls. Cioè, ciò che lo rendeva diverso dagli altri terapeuti meno efficaci. Così è cominciato il Modellaggio dell'Eccellenza Umana.

Incoraggiati dal successo, iniziarono a studiare, il biologo, antropologo e grande pensatore sistemico ed epistemologo della comunicazione, Gregory Bateson – insieme alla notevole autrice e psicoterapeuta americana, Virginia Satir – una delle fondatrici della terapia familiare. Richard ha raccolto le sue scoperte originali nella sua tesi di master, in seguito pubblicata come il primo volume del libro The Structure of Magic (La Struttura della Magia). Bandler e Grinder erano diventati una squadra e le loro indagini si svolgevano con la stessa determinazione.

Ciò che li differenziava da molte scuole di approcci psicologici alternativi (sempre più numerosi in California in quel periodo), era la ricerca dell'essenza del cambiamento. Quando Bandler e Grinder iniziarono a studiare persone con diverse difficoltà, osservarono che tutte le persone che soffrivano di fobie pensavano all'oggetto stressante della loro paura, come se stessero attraversando quell'esperienza in quel momento.

Quando studiavano persone che si erano già liberate dalle fobie, notavano che tutti pensavano alle esperienze della paura come se fossero accadute con un'altra persona. Come se ti capita di osservare un parco di divertimenti a distanza. Con questa semplice ma profonda scoperta, Bandler e Grinder decisero di insegnare sistematicamente alle persone fobiche a sperimentare le loro paure, come se stessero osservando le loro fobie succedere a un'altra persona a distanza. Le sensazioni fobiche scomparvero all'istante. E in quel modo, era stata fatta un'altra scoperta fondamentale della **PNL**. Il modo in cui le persone pensano a una cosa fa un'enorme differenza nel modo in cui le vivono.

Cercando l'essenza del cambiamento nei migliori insegnanti che riuscivano a trovare, Bandler e Grinder si chiedevano cosa cambiare prima, cosa era più importante cambiare e da dove sarebbe più importante iniziare. Per le loro notevoli capacità e la crescente reputazione, sono riusciti rapidamente ad essere introdotti ad alcuni dei più grandi esempi di eccellenza umana nel mondo. Includendo lo psichiatra americano ed esperto in terapia familiare sistemica – una delle principali autorità mondiali sulle tecniche di ipnosi applicate alla psicoterapia – il dott. Milton H. Erickson, fondatore della American Society of Clinical Hypnosis (Società Americana dell'Ipnosi Clinica), riconosciuto come l'ipnotizzatore più straordinario del mondo.

Il dottor Erickson era eccentrico come Bandler e Grinder. Giovane e robusto, un contadino del Wisconsin – negli anni '20 – a diciotto anni fu colpito dalla polio. Incapace di respirare da sé, trascorse più di un anno, steso in un polmone d'acciaio, sistemato nella cucina di casa sua. Sebbene per qualsiasi altra persona potesse significare una condanna in prigione, Erickson era affascinato dal comportamento umano, e si distraeva osservando la sua famiglia e i suoi amici reagire e interagire l'uno con l'altro, consciamente e inconsciamente. Per migliorare la sua capacità di osservazione e di linguaggio, a intermittenza, costruiva commenti con l'intenzione di provocare risposte immediate o ritardate nelle persone intorno a lui.

Si riprese abbastanza da uscire dal polmone d'acciaio, riapparve per camminare da solo, guardando la sua sorellina fare i primi passi. Anche se ha continuato a aver bisogno di stampelle, ha partecipato a una carriera canottaggio prima di partire per il collegio, dove alla fine si è specializzato in medicina e poi in psicologia. Le sue precedenti esperienze e test personali lo hanno reso molto sensibile alla sottile influenza della lingua e del comportamento.

Studiando ancora medicina, si interessò molto all'ipnosi, andando oltre la semplice osservazione dei pendoli e le monotone suggestioni della sonnolenza. Osservò che i suoi pazienti, ricordando certi pensieri o sensazioni, entravano naturalmente in un breve stato di trance e che quei pensieri e sensazioni potevano essere usati per indurre stati ipnotici.Più tardi, divenne noto come il grande maestro dell'ipnosi indiretta; è stato in grado di indurre chiunque in uno stato di trance profonda semplicemente raccontando storie.

Negli anni '70, il dott. Erickson era già noto tra i professionisti della medicina, oltre ad essere oggetto di numerosi libri. Tuttavia, alcuni dei suoi studenti sono riusciti a riprodurre il suo lavoro, o ripetere i suoi risultati. Il dott. Erickson veniva spesso chiamato "guaritore ferito", poiché molti dei suoi colleghi credevano che le sue sofferenze personali fossero la causa per cui era diventato un terapista abile e famoso in tutto il mondo.

Quando Richard Bandler l'ha chiamato per un'intervista, è successo che il Dr. Erickson ha risposto personalmente al telefono. Sebbene Bandler e Grinder fossero raccomandati da Gregory Bateson, Erickson rispose che era un uomo molto impegnato. Bandler, tuttavia, ha scritto dicendo: "Alcune persone, dottor Erickson, sanno come trovare il tempo". Sottolineando bene il "Dr. Erickson" e le ultime due parole, la risposta è stata: "Vieni quando vuoi".Sottolineando anche le ultime due parole in particolare.

Sebbene agli occhi del dott. Erickson, la mancanza di una laurea in psicologia fosse uno svantaggio – sia per Bandler che per Grinder – il fatto che questi due giovani potessero scoprire quello che molti altri non avevano percepito lo lasciò piuttosto incuriosito. Dopo tutto, uno di loro gli aveva appena parlato usando una delle sue scoperte di linguaggio ipnotico, oggi noto come "Comando Incorporato".Sottolineando le parole "Dr. Erickson, trovare il tempo", aveva creato una frase separata all'interno di una più grande che aveva lo stesso effetto di un comando ipnotico.

Bandler e Grinder arrivarono nell'ufficio del dottor Erickson a Phoenix, in Arizona, per applicare le loro tecniche di modellaggio, recentemente sviluppate e adattate al lavoro del talentuoso ipnotizzatore. La combinazione delle leggendarie tecniche di ipnotizzazione del Dr. Erickson, e le tecniche di modellaggio di Bandler e Grinder hanno fornito le basi per un'esplosione di nuove tecniche terapeutiche. Il loro lavoro insieme al dott. Erickson ha confermato che avevano trovato un modo per comprendere e riprodurre l'eccellenza umana.

A quel tempo, i corsi universitari e i gruppi di sera guidati da Grinder e Bandler, stavano attirando un numero crescente di studenti desiderosi di apprendere questa nuova tecnologia del cambiamento. Negli anni seguenti, diversi studenti, tra i cui Leslie Cameron-Bandler, Judith DeLozier, Robert Dilts e David Gordon, avrebbero dato importanti contributi.

Oralmente, questo nuovo approccio alla comunicazione e al cambiamento ha iniziato a diffondersi in tutto il paese. Steve Andreas, allora noto terapeuta della Gestalt, ha lasciato da parte ciò che stava facendo per studiarlo. Rapidamente, decise che la **PNL** era una novità così importante che, insieme alla sua moglie e partner, Connirae Andreas, registrò i seminari di Bandler e Grinder e li trascrisse in diversi libri.Il primo, di loro, Frogs into Princes (Rane in Principi), sarebbe diventato il primo Best-Seller della **PNL**. E nel 1979, un ampio articolo sulla **PNL** è stato pubblicato sulla rivista Psychology Today, intitolata "People Who Read

People" (Persone Che Leggono Persone). La **PNL** si sposta di volta in volta.

Oggi, la **PNL** è l'essenza di molte teorie e tecniche che puntano alla comunicazione e al cambiamento. Conosciuto da Anthony Robbins, John Bradshaw e altri, le particelle della **PNL** sono inserite in corsi di formazione, seminari, aule e conversazioni di vendita. Quando qualcuno parla di Modellaggio dell'Eccellenza Umana, rimanere in forma, creare un Rapporto, creare un futuro attraente o su come è "visuale" qualcuno, sta usando concetti tratti dalla Programmazione NeuroLinguistica.

1.3. Le Idee Basiche Della PNL

1. La Mappa Non È il Territorio. Le nostre mappe mentali del mondo non sono il mondo. Noi reagiamo alle nostre mappe invece di reagire direttamente al mondo. Le mappe mentali, in particolare le sensazioni e le interpretazioni, possono essere aggiornate più facilmente di quanto il mondo possa cambiare.

2. Le Esperienze Hanno Una Struttura. I nostri pensieri e ricordi hanno uno standard. Quando cambiamo questo modello o struttura, la nostra esperienza cambia automaticamente. Possiamo neutralizzare i ricordi spiacevoli e arricchire gli altri che ci sono utili.

3. Se Una Persona Può Fare Qualcosa, Tutti Possono Imparare a Farlo. Possiamo imparare come è la mappa mentale di un grande cineasta e renderla nostra. Molte persone pensano che certe cose siano impossibili, senza mai essere disposte a farle. Tieni presente che tutto è possibile. Se c'è un limite fisico o ambientale, il mondo dell'esperienza te lo mostrerà.

4. Corpo e Mente Sono Parti Dello Stesso Sistema. I nostri pensieri influenzano istantaneamente la tensione muscolare, la respirazione e le sensazioni. Questi, a loro volta, influenzano i nostri pensieri. Quando impariamo a cambiarne uno, impariamo a cambiare l'altro.

5. Le Persone Hanno Già Tutte Le Risorse di Cui Hanno Bisogno. Le immagini mentali, le voci interiori, le sensazioni e i sentimenti sono i mattoni fondamentali di tutte le nostre risorse mentali e fisiche. Possiamo usarli per costruire qualsiasi pensiero, sentimento o abilità che vogliamo, ponendoli successivamente nelle nostre vite dove desideriamo o abbiamo bisogno di più.

6. È impossibile Non Comunicare. Stiamo sempre comunicando, almeno non verbalmente, e le parole sono quasi sempre la parte meno importante. Un sospiro, un sorriso o uno sguardo sono forme di comunicazione. Anche i nostri pensieri sono modi di comunicare con noi stessi e si rivelano agli altri attraverso i nostri occhi, i toni della voce, gli atteggiamenti e i movimenti del corpo.

7. Il Significato Della Tua Comunicazione È La Reazione che Ottieni. Gli altri ricevono ciò che diciamo e lo facciamo attraverso le loro mappe mentali del mondo. Quando qualcuno sente qualcosa di diverso da ciò che intendevamo dire, questa è la nostra opportunità di osservare com'è comunichiamo è ciò che viene ricevuto. Osservare come viene ricevuta la nostra comunicazione ci consente di regolarla, in modo che la prossima volta possa essere più chiara.

8. Tutti I Comportamenti Hanno Un'Intenzione Positiva. Tutti i comportamenti nocivi, dannosi o persino non pensati, avevano originariamente uno scopo positivo. Gridare per essere riconosciuto. Aggredire per difendersi. Nascondersi per sentirsi più sicuro. Invece di tollerare o condannare queste azioni, possiamo separarle dall'intenzione positiva di quella persona, in modo che sia possibile aggiungere nuove opzioni più aggiornate e positive, per soddisfare la stessa intenzione.

9. Le Persone Fanno Sempre La Scelta Migliore A Loro Disposizione. Ognuno di noi ha una sua storia unica. Attraverso di essa impariamo ciò che si vuole e come volere, cosa valutare e come valutare, cosa imparare e come apprendere. Questa è la nostra esperienza. Da essa, dobbiamo fare tutte le nostre scelte, cioè, fino a quando ne vengono aggiunte nuove e migliori.

10. Se Quello Che Stai Facendo Non Funziona, Fanne Altro. Fai qualsiasi cosa. Se fai sempre quello che hai sempre fatto, otterrai sempre ciò che hai sempre ottenuto. Se vuoi qualcosa di nuovo, fai qualcosa di nuovo, specialmente quando ci sono così tante alternative.

Tuttavia, tra le dieci ipotesi sopra menzionate, fondamentalmente, dobbiamo considerare che tutti i modelli e le tecniche utilizzate nella Programmazione NeuroLinguistica si basano sulla combinazione di due principi fondamentali:

1.1 La Mappa Non È Il Territorio. Come esseri umani, non possiamo mai conoscere la realtà stessa. Noi assimiliamo e rispondiamo al mondo che ci circonda principalmente attraverso i nostri sistemi di rappresentazione sensoriale (5 sensi). Sono le nostre "mappe neurolinguistiche", costruite quando entriamo in contatto con la realtà, che determinano il modo in cui ci comportiamo, e non la realtà stessa. Di solito non è la realtà che ci limita, ma la nostra mappa della realtà.

1.2 Corpo e Mente Sono Parti Dello Stesso Sistema. I processi che avvengono all'interno degli esseri umani, e tra gli umani e il loro ambiente sono sistemici. I nostri corpi, la nostra società e il nostro universo, formano un sistema complesso ed ecologico dove si influenzano l'uno dall'altro. Non è possibile isolare completamente alcuna parte del resto del sistema. Ogni sistema è basato su alcuni principi auto-organizzanti che cercano naturalmente l'ottimizzazione in termini di equilibrio e omeostasi.

Tutti i presupposti della **PNL** sono di aiuto nella scelta di come affronteremo determinati problemi, comportamenti o persone, nelle nostre vite. Per testare questo, basta pensare a quanto segue:

a) Pensa a una situazione difficile, a una relazione complicata che hai con un'altra persona;

b) Ora scegli il presupposto che più ha catturato la tua attenzione durante questa lettura e chiediti: "Cosa farei se dovessi agire come se questo presupposto fosse vero? Come cambierebbe la situazione?"

Ad esempio, cito una insegnante della mia città, che una volta ha confessato di essergli molto difficile all'inizio del suo lavoro (insegnava il portoghese), il rapporto che aveva con uno studente di temperamento piuttosto difficile ed esplosivo. Il ragazzo la impauriva.

Nel pensare alle presupposizioni, ha scelto "le persone fanno la scelta che possono in quel momento", e poi ha cercato di entrare in sintonia con lui, per capire le ragioni del suo comportamento. Così ha iniziato a "mantenere il suo passo" e poi ha scoperto che lui voleva davvero sentirsi al sicuro, e "impaurire" era quello che sapeva fare per questo. L'insegnante, ora senza paura o rabbia, ha poi offerto più opzioni ugualmente soddisfacenti allo studente e la relazione è migliorata del 100%.

c) Ora scegli un'ipotesi sulla cui hai grandi dubbi, e considera un'altra situazione difficile nella tua vita. Cosa faresti se agissi come se questa ipotesi fosse vera? Come cambierebbe la situazione?

d) Prova questo con altri fatti e altre supposizioni, e vedrai che molte cose cambiano davvero nel modo in cui gestisci la situazione.

"Ricorda, ti muovi verso ciò che pensi costantemente."
(Anthony Robbins)

1.4. Mondo Reale x Mondo Percepito

Uno dei punti fondamentali su cui si basa la **PNL** è quella che viene chiamata la differenza tra il mondo reale e il mondo percepito. La mente crea modelli di realtà, usando riferimenti dai cinque sensi. E questi modelli sono "filtrati" dal centro dell'attenzione, in modo che lo stesso stimolo percepito si trasformi in comportamenti totalmente diversi per varie persone.

Un eschimese, ad esempio, percepisce il ghiaccio e la neve in modo molto diverso da una persona urbana. La tua esperienza sulla neve è più ricca, con molti altri riferimenti. In un certo senso, "vive in un altro mondo soggettivo".

Questa è la mente per la **PNL**: una costruzione di esperienze percettive, i, un processo a vari livelli. Per praticità, chiamati livelli consci e inconsci. Usa il termine perché aiuta nei suoi processi pratici. Ha riunito vari concetti e scoperte di Teoria della comunicazione, Linguistica, Cibernetica, della Teoria dei Sistemi, della Gestalt, la Terapia Familiare, l'Ipnosi Ericksoniana, le Neuroscienze e da loro ha creato alcune ipotesi, una serie di parametri per cercare di spiegare la "scatola nera" della mente umana, e quindi cercare di capire come cambiare il comportamento umano partendo dalla comunicazione interna ed esterna, che si riferisce a come l'essere umano si comunica "con se stesso" e con il mondo al di fuori di lui.

Le pratiche della **PNL**, con esercizi di cambiamento, mirano ad allineare il pensiero logico e intuitivo, la deduzione e l'induzione, collegando tutte le motivazioni e le emozioni che possono essere disperse nell'individuo, per essere al servizio delle loro decisioni. La **PNL** utilizza tecniche che potremmo chiamare tecniche meditative e ipnotiche per stabilire quelli che chiama "stati focalizzati", e coloro, cercare di far usare al proprio pensiero il modo migliore. Quindi, molti degli esercizi ricorrono a "stati alterati di coscienza" o stati di trance.

1.5. Mappe Mentali

Fin dai primi tempi, tuttavia, "il male" era associato con "oscurità" e "buono" era associato a "luce".I comportamenti distruttivi e perniciosi venivano "dall'oscurità".I comportamenti di amore e guarigione venivano dalla "luce". Questa metafora si adatta molto bene alla nozione dell'intenzione positiva della **PNL**. Le intenzioni positive sono come la luce. Il suo scopo è portare luce e calore al mondo. Sintomi e comportamenti problematici derivano dall'oscurità, un luogo che la luce non è in grado di raggiungere.

È importante rendersi conto, tuttavia, che "l'oscurità" non è una "forza", è semplicemente un'assenza di luce. La luce può risplendere nell'oscurità, ma l'oscurità non può "brillare" nella luce. Pertanto, la relazione tra la luce e l'ombra che proietta non è una relazione di lotta tra forze opposte. La domanda è: "Cosa sta bloccando la luce?" e "Come possiamo ottenere un po 'di luce dove è necessario?"

Dal punto di vista della **PNL**, "l'oscurità" viene da una mappa ristretta del mondo o da qualcosa su questa mappa del mondo che interferisce con la "luce" dell'intenzione positiva che getta un'ombra. Il cambiamento arriva col "allargare il divario" nella mappa del mondo della persona o trovare e trasformare gli ostacoli in luce – non attaccando l'ombra. Secondo la **PNL**, gli ostacoli alla luce derivano dalle convinzioni limitanti o dal "virus del pensiero" nelle nostre mappe mentali del mondo. Tipicamente, questi ostacoli sorgono come convinzioni o assunzioni che si presentano in opposizione ai presupposti di base della **PNL**.

Ad esempio, considera quanto sia facile creare un conflitto e una violenza assumendo le seguenti convinzioni: "Esiste solo una vera mappa del mondo: loro (i nemici scelti) hanno la mappa del mondo sbagliata. Io/noi abbiamo la mappa giusta del mondo. Loro hanno intenzioni negative – loro vogliono farci del male. Sono incapaci di cambiare – io/noi abbiamo provato tutto ciò che si poteva. Non fanno parte del nostro sistema – sono fondamentalmente diversi da noi".

Queste convinzioni insieme, sono state indubbiamente al centro di ogni atrocità che è stata commessa nella storia umana. La "luce" fondamentale e la capacità di guarigione della **PNL** derivano dal suo impegno a promuovere un diverso insieme di presupposti.

"Siamo un sistema che fa parte di un sistema molto più grande. Questo sistema è fondamentalmente adeguato nella direzione della salute e dell'adattamento. Ecco perché siamo tutti alla fine motivati da intenzioni positive. Le nostre mappe del mondo, tuttavia, sono limitate e non sempre ci forniscono ogni possibile scelta. Siamo, tuttavia, in grado di cambiare, e non appena percepiamo una scelta veramente fattibile, ne approfittiamo automaticamente. Il problema è riuscire ad ampliare il modello del mondo di qualcuno includendo altre opzioni e capacità di protezione e saggezza, e aiutare anche gli altri a farlo".(DILTS, 2009).

Nel sistema di credenze della **PNL**, non è possibile per l'essere umano conoscere la realtà oggettivamente. Catturiamo la realtà attraverso i nostri cinque sensi e creiamo una "mappa" basata sulle nostre convinzioni, esperienze, filtri neurologici, ecc. E agiamo secondo quella. Saggezza, etica ed ecologia non sono la conseguenza di avere una mappa "giusta" o "corretta" del mondo, perché gli esseri umani non sono in grado di fare una.

L'obiettivo è creare una mappa il più ricca possibile, che rispetti la nostra natura ed ecologia del mondo in cui viviamo. Le persone di maggior successo sono quelle che hanno una mappa del mondo che consente loro di accedere a quante più scelte e prospettive possibili. La Programmazione NeuroLinguistica è un modo per arricchire le scelte che hai già, e per percepire gli altri nel mondo intorno a te. Eccellenza significa avere molte scelte per essere in grado di scegliere il meglio. Saggezza significa avere più prospettive.

"A scuola, ho passato migliaia di ore a imparare la matematica. Migliaia di ore imparando lingua e letteratura. Migliaia di ore in scienze, geografia e storia. Quindi mi sono chiesto:

quante ore ho passato imparando come funziona la mia memoria? Quante ore ho trascorso imparando come funzionano i miei occhi? Quante ore per imparare come imparare? Quante ore per imparare come funziona il mio cervello? Quante ore imparando a conoscere la natura del mio pensiero e come influenza al mio corpo? E la risposta era: nessuna, nessuna, nessuna..." (Tony Buzan).

Sono state queste domande di Tony Buzan, uno psicologo inglese, che lo ha portato ad essere considerato una delle più grandi autorità del mondo in Accelerated Learning (lettura veloce), avendo i suoi libri raccomandati dall'*Università Aperta* di Gran Bretagna come testi introduttivi di Pedagogia e Comunicazione.

A metà degli anni '70, Buzan creò le Mappe Mentali per facilitare l'apprendimento e la memorizzazione attraverso il concatenamento di informazioni non lineari. Potresti credere che sia un metodo complicato e complesso. Il suo errore. Infatti, nella nostra tradizionale educazione elementare, insiste nell'insegnare a prendere appunti linea per linea, organizzati linearmente su carta. Lo standard per prendere appunti e registrare idee da sinistra a destra in ordine cronologico.

Recenti ricerche sottolineano il fatto che il nostro cervello non tratta le parole e i concetti come entità separate e non elabora le informazioni esclusivamente in modo cronologico. Il modo usuale di prendere appunti e registrare idee potrebbe non essere il più efficace per il processo del pensiero/apprendimento. Il nostro cervello immagazzina le informazioni della memoria nei nostri neuroni come se fossero reti da pesca, ragnatele o alberi pieni di rami. Può sembrare strano per te, ma è solo qualcosa che potrebbe essere nuovo per te, diverso.

Modellando la natura stessa della memorizzazione umana, Buzan ha ideato questa tecnica di apprendimento accelerato in cui l'informazione è organizzata metaforicamente simile alla formazione di cellule nella nostra corteccia cerebrale, i neuroni.

a) **Il problema.** Hai mai frequentato corsi o conferenze con cui non hai potuto mantenere il passo?Forse, all'inizio, l'hai fatto, ma a un certo punto ti sei perso e non hai trovato di nuovo la strada. O forse stavi studiando un argomento che avresti dovuto applicare per risolvere un esercizio, ma non sapevi proprio da dove cominciare, e non trovavi da dove partire o qualcosa che ti avrebbe permesso di sapere dove ti trovavi e cosa fare dopo. È come un rompicapo la cui immagine finale non si conosce e di cui i pezzi non si adattano.

Una possibile causa di questo tipo di difficoltà non è in te, ma nel modo in cui ti viene presentata la conoscenza: un problema didattico. È molto comune che la conoscenza sia presentata in un formato descrittivo e discorsivo: qualcuno parla "ore" di qualcosa, non mostra nemmeno un'immagine, che è uno schema, possibilmente con molti nuovi concetti o nuovi significati per parole esistenti, e si aspetta che il pubblico sia capace di assimilare tutti i nuovi concetti con lo stesso ritmo del discorso.

b) **Percorsi.** Le soluzioni a questo problema esistono già e possiamo identificare elementi comuni a loro. Uno è chiamato strutturazione della conoscenza: piuttosto che lunghe frasi descrittive, argomenti sintetici, con le loro relazioni e dipendenze evidenziate, debitamente rappresentate da simboli visivi e diagrammi.

Questo non è davvero nuovo: la matematica e la fisica lo fanno da secoli. L'analisi dei sistemi e la programmazione del computer non analizzano, concepiscono o sviluppano senza questo. La struttura semantica con supporto visivo è una delle chiavi per affrontare la complessità e la quantità di informazioni e conoscenze.

Un'altra chiave è avere un software che fornisce produttività. Un esempio comune è il foglio di lavoro digitale, che fornisce una struttura (tabella bidimensionale) evidenziata dal margine visivo (linee, formattazione) e opzioni per l'inserimento di contenuto (numeri, formule).Confronta: considera lo stesso contenuto rappresentato in un foglio di calcolo e in un formato descrittivo.

In questo scenario, le mappe mentali appaiono come una buona opzione di applicabilità. Dove c'è eccesso e sovraccarico, frammentazione e confusione, disorganizzazione e dimenticanza e altri problemi legati alla conoscenza, le mappe mentali possono aiutare con la tua naturale inclinazione a strutturare le idee e la loro rappresentazione sintetica.

Le mappe mentali sono diagrammi essenzialmente gerarchici (alberi) che rappresentano informazioni e conoscenza della forma:

✓ Testuale, illustrato o entrambi;

✓ Sintetico;

✓ Organizzato e livellata;

L'applicabilità delle mappe mentali può essere vista in diversi approcci:

a) Aree problematiche

✓ Eccesso di conoscenza da trattare, sensazione di sovraccarico e mancanza di controllo sulla conoscenza.

✓ Frammentazione della conoscenza.

✓ Destrutturazione e disorganizzazione della conoscenza, con conseguente perdita o dimenticanza.

Per questi casi una mappa mentale consente e stimola la strutturazione e la sintesi, consente la visione di tutti gli elementi correlati in uno stesso campo visivo e facilita l'evocazione della conoscenza.

b) Aree

- ✓ Pianificazione
- ✓ Organizzazione
- ✓ Insegnamento (come risorsa di preparazione o presentazione)
- ✓ Apprendimento (ad esempio, per revisione e metodo di studio)
- ✓ Scrittura (ad esempio, per la pre-strutturazione di testi)
- ✓ Creatività (ad esempio, come strumento di *brainstorm*)
- ✓ Documentazione (ad esempio, le procedure nelle aziende)

Ci sono due linee fondamentali di mappatura mentale: a mano e nel software. Il creatore della tecnica, l'inglese Tony Buzan, sottolinea l'elaborazione a mano, essendo alcuni degli argomenti lo sviluppo della creatività e l'integrazione dei lati, sinistra e destra del cervello. Ci sono molti seguaci di Buzan che sono fedeli alle loro linee guida. Uno dei limiti di questa linea è che la produttività della mappa mentale disegnata a mano è molto bassa a causa della riprogettazione ed è più adatta per contenuti stabili e personali.

Dal punto di vista pratico, quando usiamo una funzione di strutturazione, è perché non siamo in grado di gestire il contenuto, ed è naturale aspettarsi che iniziamo con i frammenti che saranno depurati e organizzati, ciò coinvolge diversi cicli di lavoro, come per un testo o un altro documento la cui struttura non è ancora matura.

I corsi di formazione esistenti seguono la linea Buzan e non esiste una formazione nazionale focalizzata sul software. Inoltre, un aspetto importante delle mappe mentali è una buona strutturazione semantica, e né Buzan né nessun altro funziona in questo modo.È nei piani di questo autore rendere disponibili entrambi.

Per quanto riguarda la creatività nelle mappe mentali, ci sono diversi aspetti. La struttura è standardizzata – ad albero – e non è soggetta a variazioni. Per quanto riguarda l'illustrazione, questa è forse la più soggetta all'innovazione, ma si può essere creativi anche attingendo al computer. È inoltre possibile creare nella formattazione di linee e bordi, ma se non ci sono criteri si può creare un "leccare" visivo che rende la lettura più difficile.

Preferiamo enfatizzare il software, non solo per la produttività, ma anche per una maggiore facilità di condivisione: alcuni fanno, altri usano; ciò aumenta il numero di utenti, che a sua volta aumenta il numero di mappatori, con conseguente più mappe mentali pronte, che aumenta il numero di utenti... E tutti vincono con questo.

Almeno quattro fattori interconnessi possono aiutarci a capire meglio come funzionano le nostre menti:

1) Percezione (acquisizione di informazioni attraverso i sensi);

2) Esperienza soggettiva (come elaboriamo le informazioni, il nostro apprendimento ... La "Mappa");

3) Emozione;

4) Comunicazione.

Tutti noi fondamentalmente abbiamo cinque sistemi sensoriali: visione, udito, olfatto, tatto e gusto. È attraverso questi sensi che entriamo in contatto con il mondo e con le informazioni che ci arrivano, cioè con la realtà esterna. In ogni momento, siamo in contatto, interagendo con il mondo che ci circonda e le informazioni vengono catturate attraverso i sensi.

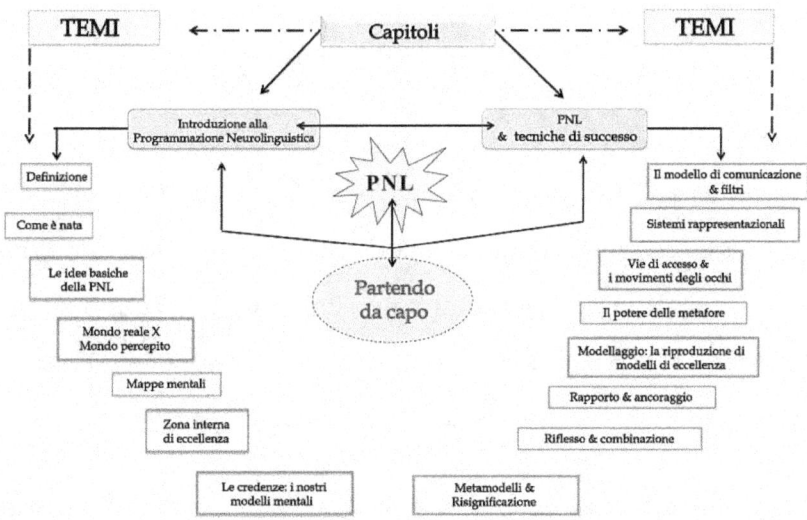

Figura 1. Esempio Semplice d'una Mappa Mentale con il contenuto di questo libro.

Annusiamo, assaggiamo, vediamo, ascoltiamo, sentiamo. Tuttavia, tre canali sono preferiti per questo assorbimento e fino alla trasmissione: il canale visivo, uditivo e cinestetico (**VUC**), cioè vedere, ascoltare e sentire (anche qui viene la degustazione, l'odore, ecc.). Quindi, alla fine, reagiamo al mondo esterno attraverso la comunicazione, con parole e/o determinati comportamenti.

Quando qualcuno cerca di comunicare con un'altra persona, ciò che cercano di fare è trasmettere la propria comprensione della realtà soggettiva, ma in modo obiettivo. Cioè, cerca di trasmettere ciò che comprende come realtà all'altro.

Pertanto, per capire cosa significa comunicazione efficace, dobbiamo prima capire qualcosa sulla vera natura della realtà. Ma, dopo tutto, cos'è la realtà? La realtà è ciò che una persona sperimenta. Ma confondiamo costantemente la nostra realtà come "verità assoluta".

Come processiamo le informazioni? Ognuno di noi possiede la capacità di cogliere l'intera realtà delle esperienze che accadono intorno a noi? E le nostre azioni e i nostri giudizi si basano su una conoscenza "completa" del mondo esterno? Conosciamo davvero TUTTO ciò che è successo in una particolare esperienza?

Più probabilmente, ci comportiamo in realtà come persone che vivono in un mondo soggettivo, con una rappresentazione di ciò che afferriamo, con un'interpretazione di ciò che è accaduto. Fondamentalmente, tutte noi processiamo le informazioni che riceviamo della stessa maniera. I risultati di questa elaborazione, tuttavia, possono essere molto diversi l'uno dall'altro.

Proprio come nessuno è uguale a nessun altro, anche le loro rappresentazioni del mondo possono andare allo stesso modo. La lingua aiuta ancora in questa differenza. Siccome lei modella il pensamento, creiamo false certezze, confondiamo il linguaggio che usiamo o ascoltiamo con la realtà. È necessario lasciare da parte le carenze che abbiamo in relazione al processo, al cambiamento, al movimento.

Ad esempio, sarà che puoi sentire lo stesso suono che sentono i cani? La nostra capacità uditiva è molto limitata in questo senso e i cani ascoltano i decibel che non riusciamo ad ascoltare. Sarà allora che questi suoni non esistono, già che non li ascoltiamo?

Per alcune persone, sarebbe vero. Se analizziamo tutti i canali sensoriali che abbiamo, scopriremo che sono tutti molto limitati riguardo a quelli di altri animali. Dico questo per affermare, senza paura, che effettivamente percepiamo solo una parte di ciò che accade realmente intorno a noi. E questo è un problema genetico. Questo serve a stabilire due punti importanti:

a) C'è una differenza tra il mondo e qualsiasi modello o rappresentazione che la persona ha di esso.

b) I modelli del mondo creati da ognuno di noi sono diversi gli uni dagli altri.

Come possiamo "filtrare" le informazioni? Il nostro sistema neurologico determina il primo insieme di filtri che differenziano il mondo (o il "territorio") da ciò che abbiamo come sua rappresentazione (o la "mappa").

Ci sono altri filtri che rendono la nostra esperienza interiore diversa dal mondo. I primi sono i filtri sociali, che ci caratterizzano come esseri umani appartenenti ad un particolare gruppo, sia esso razziale, socioeconomico, educativo... Tra questi, il più comune è il filtro linguistico. Le parole o le frasi di una particolare lingua hanno, per un gruppo, significati che non rientrano in altri gruppi. E non deve nemmeno essere in relazione con lingue diverse (come da paesi diversi): un vicentino differisce da un genovese in qualche "gergo" o modo di passare informazioni, così come tra Bologna, Modena, ecc.

Un altro filtro è la nostra storia personale, le nostre esperienze. Da loro daremo significati agli eventi più svariati. Una donna che ha subito un tentativo di stupro nell'infanzia o nell'adolescenza (o anche in età adulta) può affrontare gli uomini in un modo totalmente diverso da quella che è stata trattata con affetto, rispetto, e anche da quella che ha sofferto di pregiudizi, abbandono ...

Poiché ogni persona ha esperienze diverse, anche la visione del mondo sarà diversa: i filtri neurologici sono gli stessi per tutti gli esseri umani. I filtri socio-razziali sono gli stessi per una particolare comunità linguistica, e questi filtri sono più facilmente superabili (devi solo vivere con altre persone, e imparerai il suo gergo, o anche la loro lingua se sei straniero), rispetto ai filtri neurologici. I filtri personali, tuttavia, ci identificano come individui, sono la base di profonde differenze, ma sono molto più facilmente modificabili di qualsiasi altro filtro.

Quando l'informazione raggiunge il nostro filtro personale, già arriva distorta da altri. Quando viene in contatto con le nostre esperienze, queste informazioni, già distorte, subiscono ancora più cambiamenti a causa della nostra personalità e del nostro sistema di credenze. Questo forma la mappa di quella situazione. Pertanto, ciò che ci guida nel mondo è ciò che formiamo attraverso le nostre esperienze personali, creando modelli, mappe o realtà soggettive.

Pensa a un momento in cui sei in disaccordo con qualcuno su un argomento importante per te, o viceversa. Hai provato a scoprire quali esperienze ha l'altra persona nella tua vita e cosa gli fa pensare in modo diverso da te? È perché proviene da una "cultura" diversa? Forse sarà perché non ha avuto esperienze positive con quell'argomento (o le ha avute e tu no)?

Prima di non essere d'accordo o irritarti per ciò che qualcuno fa o dice, che ti sembra se provi prima a capire qual è la sua rappresentazione della realtà? Ad esempio: è molto facile arrabbiarsi, avere paura o persino voler punire una persona che ruba costantemente. Questo potrebbe anche scoprire che nella tua vita i valori che ti sono stati insegnati sono legati al "avere", o che nella sua famiglia molte persone attraversano difficoltà e persino fame.

E tu: Hai già pensato di fare qualcosa che non hai mai fatto? Cambiare il tuo modo di lavorare ogni giorno, parlare con un tono di voce diverso, o andare in luoghi dove non sei mai stato, ma cercando di imparare e non criticare?Arricchisci la tua mappa. Cerca nuove informazioni, crea nuove esperienze. **IMPARA**. Solo allora sarai in grado di capire le persone e anche a insegnarle.

"Costruisci la speranza dalle esperienze, perché la realtà è creata dalle idee. Ad un certo punto del passato, non c'era nessun aereo o automobile. Ad un certo punto del passato, non c'erano soldi o linguaggio. Soltando dalle idee e che tutte queste cose sono diventate realtà." (EPELMAN, 2001)

1.6. Zona Interna Di Eccellenza

Anche di fronte a una crisi, abbiamo delle scelte. O scopriamo la nostra "zona interiore di eccellenza" e ci rianimiamo collegandoci con la nostra forza interiore, o torniamo a strategie di sopravvivenza che in futuro indeboliranno la nostra posizione.

La zona interna di eccellenza è una parte importante di ciò che è noto come il "gioco interiore" del business. Il concetto di "gioco interiore" è stato sviluppato da Timothy Gallwey, come un modo per aiutare le persone a raggiungere l'eccellenza in vari sport (ad es. Tennis, golf, sci, ecc.), la musica e anche nella formazione aziendale e amministrazione. La chiave del gioco interiore è la nostra capacità di rimanere in uno stato di prestazioni elevate fronte a circostanze difficili.

Molte sfide si presentano nei nostri affari: paura dell'ignoto (ad es. cosa succederà domani?), affrontare la perdita (ad es. perdere un membro della squadra) e un senso generale di vulnerabilità (ad es. come posso avere successo nonostante le circostanze sfavorevoli?). Questo può immergerci in inutili strategie di sopravvivenza: attacco, fuga o immobilità e spesso si traduce in regressione o apatia temporanea. D'altra parte, possiamo concentrarci sulla nostra "zona interna di eccellenza" e sentire:

✔ Nessuna paura di fallire o ansietà riguardo al raggiungimento dei nostri obiettivi;

✔ Uno stato di maggiore concentrazione nella mente e una disposizione rilassata nel corpo;

✔ Le prestazioni avvengono senza sforzo e senza dover pensarci.

Ad esempio, Ronnie Coley stava addestrando un uomo che era vice presidente di una grande banca internazionale. Per diversi anni è stato responsabile di un grande progetto in cui aveva investito molto tempo, energia ed emozione. Ma di recente, l'alta dirigenza aveva iniziato a modificare il progetto in modo tale che l'uomo pensava che stavano andando nella direzione sbagliata, e che non corrispondeva ai suoi valori. È arrivato al punto in cui ha programmato un incontro con il consiglio di amministrazione per cercare di riportare il progetto in carreggiata. Se non farebbero alcune modifiche essenziali, si sentiva in dovere di lasciare la compagnia.

In effetti, la sua posizione era in gioco e chiaramente aveva bisogno di "giocare i gioco" della sua carriera. Tuttavia, nelle volte precedenti che era di fronte al consiglio di amministrazione, aveva sempre lavorato duramente, ma senza successo. Nelle sue parole, l'atmosfera divenne così pesante che iniziò a sentirsi teso, contratto, imbarazzato e incapace di esprimersi facilmente.

Aiutandolo a praticare come scoprire e sperimentare la tua zona di eccellenza interiore, è stato in grado di sentirsi sicuro e calmo e fare una presentazione chiara, coinvolgente e carismatica per il consiglio. Di conseguenza, è stato in grado di salvare il suo progetto, la sua integrità e, in definitiva, la sua carriera.

Un semplice esercizio può aiutarti a scoprire la tua "zona interna di eccellenza".Puoi fare questo esercizio tu stesso seguendo i 6 punti di sotto:

1) Siediti o stai in piedi in una posizione comoda, con entrambi i piedi sul pavimento e con la colonna vertebrale eretta ma rilassata (cioè "sul tuo asse"). Assicurati che il tuo respiro sia regolare e addominale. (La respirazione superficiale, breve o rapida situata nella parte superiore del petto, indica che ci si trova in una modalità stressata.)

2) Attira la tua attenzione sulla pianta dei tuoi piedi (dirigi la tua "mente" ai tuoi piedi). Diventa consapevole dell'universo delle sensazioni nella parte inferiore dei tuoi piedi. Senti la superficie dei talloni, le dita, il petto e l'arco dei piedi.

3) Inizia ad espandere la tua consapevolezza per includere la realtà fisica (lo spazio tridimensionale) dei tuoi piedi e poi sali su gambe, ginocchia, cosce, bacino e fianchi. Diventa consapevole del centro del tuo addome e dì a te stesso: "Sono qui".

4) Rimanendo consapevoli della parte inferiore del tuo corpo, sposta la tua coscienza attraverso il plesso solare, la colonna vertebrale, i polmoni, la gabbia toracica e il petto. Concentrati sul centro del tuo cuore e dì a te stesso: "Sono aperto, disponibile".

5) Espandi la tua attenzione spostandola su spalle, la parte superiore delle braccia, gomiti, braccia, polsi, mani e dita e su collo, gola, viso, testa e cervello.Guida la tua coscienza al centro della tua testa dietro i tuoi occhi, e dì a te stesso: "Sono sveglio. Sono allerta e lucido".

6) Rimanendo in contatto con le continue sensazioni fisiche nel tuo corpo e nei tre centri, prendi coscienza di tutto lo spazio sopra di te, raggiungendo il cielo, tutto lo spazio sotto di te, andando al centro della Terra; tutto lo spazio alla tua sinistra; tutto lo spazio alla tua destra; tutto lo spazio dietro di te; tutto lo spazio di fronte a te. Dì a te stesso, "Sono pronto". (DILTS, 2009).

1.7. Le Credenze: I Nostri Modelli Mentali

Un sistema di credenze è un insieme di credenze, organizzato attorno a un valore elevato. Immagina un albero in cui ognuno dei rami principali assicura un valore e attorno a ciascun valore, piccoli rami che sono le credenze. Il sistema interiore di rami o credenze può essere chiamato sistema di credenze. Le credenze sono generalizzazioni su ciò che stiamo facendo o ciò che dobbiamo fare.

Le credenze sono legate ai valori. Ciascuna delle tue convinzioni è legata ad un certo valore, che è probabilmente inconscio. Le credenze sono generalizzazioni delle nostre azioni, su ciò che stiamo facendo, o ciò che dobbiamo fare. Sono dichiarazioni delle nostre rappresentazioni interne di come crediamo che il mondo sia.

Pensiamo sempre alle credenze nel senso dei credi o delle dottrine; e molte credenze lo sono. Ma nel senso fondamentale, una credenza è un principio guida, come le massime, la fede o la passione che possono fornire significato e direzione nella vita. Gli stimoli illimitati sono a nostra disposizione. Le credenze sono i filtri preordinati e organizzati per le nostre percezioni del mondo. Sono come basi di comando del cervello. Quando crediamo con convinzione che qualcosa è vero, è come inviare un comando al cervello, come rappresentare ciò che sta accadendo. (Anthony Robbins).

Le credenze sono le regole in base alle quali viviamo. Formano i nostri modelli mentali. Non sono sempre fatti o verità. Noi umani abbiamo credenze sugli altri, su noi stessi, sulle nostre relazioni, su ciò che siamo capaci di fare, su ciò che crediamo sia possibile, e su ciò che pensiamo sia impossibile. Il problema è che a volte trattiamo alcune credenze (su relazioni, capacità e possibilità) come se fossero leggi e verità assolute e immutabili. Tuttavia, non è così.

Le credenze formano il nostro mondo sociale e agiscono come profezie che si autoavverano. Certo, alcune cose non sono influenzate dalle nostre convinzioni. Un tipico esempio di ciò sono le leggi della natura, immutabili, come la gravità. Non importa se le crediamo o no. Niente le cambierà. In generale, ci comportiamo nello stesso modo. Le nostre azioni riflettono ciò in cui crediamo assolutamente, come se le nostre convinzioni fossero fisse e immutabili.

Le credenze derivano dalla nostra educazione, dalla cultura, dall'ambiente in cui viviamo, dall'esempio di persone che sono importanti per noi, dalle esperienze e dai traumi del passato e dalle esperienze ripetute. È bene ricordare che le credenze creano risultati che possono essere eccellenti e stimolanti o disastrosi e dannosi.

Le persone uccidono e muoiono per le loro convinzioni. La vita delle "persone speciali" si basa sulle loro convinzioni. Le convinzioni negative non sono basate sull'esperienza, ma su ciò che "prendiamo come nostre verità". Funzionano come permessi o ostacoli. Qualunque siano le circostanze, il successo o il fallimento delle persone è misurato dalle loro convinzioni e credenze. Ciò che otteniamo nella vita dipende esclusivamente dalle nostre "strategie mentali". Ci sono strategie mentali positive che ci portano felicità, successo e abbondanza, e strategie mentali negative che ci causano infelicità, scarsità, malattia e morte.

Ma le convinzioni possono cambiare, possiamo scegliere nuove credenze, lasciando da parte quelle che ci limitano. Le convinzioni positive funzionano come una licenza per esplorare un nuovo mondo pieno di possibilità. Abbiamo bisogno di decidere quali convinzioni meritano di essere mantenute per la nostra crescita, felicità, salute fisica ed emotiva.

Quindi, ora, l'unica domanda che devi porci è: cosa desidero per la mia vita? E di subito cambiare le tue "strategie mentali" per ottenere quello che vuoi. Il subconscio è la parte della mente che protegge le tue convinzioni e credenze e decide tutto ciò che ottieni. Capisci ora perché pensi nel modo in cui pensi? Quindi ora ti rendi conto dell'importanza di riprogrammare alcune delle tue convinzioni e credenze? Perché la "nuova programmazione" possa stabilirsi nel nostro subconscio, abbiamo bisogno di conoscere la struttura lavorativa del nostro cervello, soltanto in quel modo impareremo a sbloccare i nostri "poteri speciali", sbarazzandoci delle nostre serrature mentali.

Possiamo scegliere le nostre convinzioni, lasciando da parte quelle che ci limitano e creare altre che renderanno la nostra vita più piacevole ed efficiente. Le credenze positive ci permettono di scoprire ciò che è vero e ciò di cui siamo capaci. Funzionano come un'autorizzazione per esplorare un mondo di possibilità.

Quali credenze vale la pena di mantenere perché ci aiutano a raggiungere i nostri obiettivi? Pensa ad alcune delle convinzioni che hai su di te. Sono utili? Funzionano come permesso o come ostacolo?

Tutti noi abbiamo convinzioni profonde sull'amore e su ciò che è importante nella vita. Creiamo anche molte convinzioni sulle nostre possibilità e sulla nostra felicità, ma possono essere cambiate. Un fattore essenziale di successo è avere credenze che ci consentano di raggiungerlo. Pur non essendo una garanzia di successo continuo, ci tengono in uno stato di risorse, creando la possibilità di raggiungerlo.

Pensa a tre convinzioni che hanno limitato la tua vita e scrivile sulla carta. Ora, mentalmente, vedi te stesso di fronte a uno specchio immenso e brutto. Immagina come sarà la tua vita tra cinque anni se continui ad agire come se quelle convinzioni limitanti fossero vere. Come sarà la tua vita tra dieci anni? E venti?

Fermati un attimo e prova a svuotare la mente. Alzati, cammina per la stanza e fai alcuni respiri profondi. Ora pensa a tre nuove credenze che potrebbero rafforzarti e migliorare significativamente la qualità della tua vita. Fermati per qualche secondo per scriverli. Mentalmente, guarda uno specchio grande e amichevole. Immagina di comportarti come se queste nuove credenze fossero vere. Come sarà la tua vita tra cinque anni? Che ne dici di dieci? E venti?

Cambiare le convinzioni fa sempre cambiare il comportamento. La **PNL** suggerisce che è utile sostituire l'idea delle credenze con quella delle "presupposizioni". Le ipotesi sono principi di azione. Sono come credenze, ma tu le scegli. Non sai se sono vere o no, ma puoi comportarti come se lo fossero e prestare attenzione ai risultati che ottieni. Questo è molto ragionevole, perché non sappiamo mai veramente se ciò che crediamo sia vero, ma le conseguenze sono abbastanza reali.

Tieni le ipotesi mentre ottieni risultati che migliorano la tua salute e il tuo benessere. Le cambi quando non ottieni risultati che ti piacciono. Dal momento che le credenze agiscono come profezie che rispettano gli autori, agendo come se fossero vere, è più probabile che si ottengano risultati che siano d'accordo con loro.

Parliamo di credenze come se fossero beni. La lingua è particolarmente rivelatrice. Noi "abbiamo" credenze. Possiamo "adottarle" o "acquisirle" e possiamo "ereditarle". Diciamo che le persone "tengono" le credenze e "si aggrappano" a loro. Quando rinunciamo a loro, le "rifiutiamo", le "abbandoniamo" o le "perdiamo".

Se le credenze sono beni, possiamo essere possessivi. Alcune potrebbero essere preziose eredità, altre oggetti della nostra vita quotidiana. Ne riveliamo alcune, mentre altre sono preziose per essere mostrate a tutti. Le scegliamo in molti modi e, come i mobili o le decorazioni, vengono scelte in modo da non entrare in conflitto. Potremmo apprezzare alcune convinzioni, ma non "abbinano" l'arredamento. Quindi se pensi a le credenze come beni che potessi scegliere e rifiutare deliberatamente piuttosto che a caso, come decoreresti e arrederesti il tuo mondo interiore?

"Quando abbiamo diversi punti di vista sulla stessa situazione, anche senza aggiungere nuove risorse, già l'esperienza cambia... Avere più informazioni da varie prospettive ci consente di creare cambiamenti nel nostro punto di vista. Avere diversi punti di vista è la base della saggezza per prendere decisioni, risolvere conflitti e ripulire la nostra storia personale." (DILTS, 1993).

(2) PNL & Tecniche di Successo

2.1. Il modello di comunicazione & i filtri

"Il segreto del successo è imparare a usare il dolore e il piacere piuttosto che lasciarli usarti. Se lo fai, avrai il controllo della tua vita. Se non lo fai, è la vita che ti controlla." (ROBBINS, 1993).

La Programmazione NeuroLinguistica evidenzia cinque principi importanti per il successo:

1) Conosci il tuo risultato. Se è possibile definire il risultato con chiarezza e concentrazione, il risultato sarà più fattibile. Non iniziare nulla senza conoscere il risultato in anticipo. Molte persone sono completamente perse, come una nave in tempesta perché cercano qualcosa ma non sanno veramente cosa sia.

✓ Sono con la persona giusta?

✓ Sto facendo la cosa giusta con la mia famiglia e i miei amici?

✓ Sono nel posto giusto?

✓ Cosa voglio veramente?

1.1 Fai una lista dei risultati specifici che vuoi raggiungere. Assicurati di scrivere quello che vuoi e non quello che non vuoi. Utilizzate il tempo specifico, misurabile, realizzabile, realistico detto **S.M.A.R.T.** (Specific, Measurable, Achievable, Realistic, Time).

2) Prendi un atteggiamento. Nessuna azione Nessun risultato. Per raggiungere il successo, devi sapere cosa vuoi ottenere, il tuo risultato, e poi devi agire. Molte persone si stanno chiedendo cosa fare dopo, in realtà non agiscono per ottenere quello che vogliono. Se vuoi fare un cambiamento, agisci. La procrastinazione non realizza nulla, l'azione lo fa. Nelle parole di John Lennon "La vita è ciò che accade quando sei occupato a fare altri piani".

3) Usa la tua acutezza sensoriale. Usa i tuoi sensi per massimizzare i tuoi risultati. Vedi, ascolta e senti ciò che sta accadendo intorno a te. Quali reazioni derivano dalle tue azioni? Quali nuove cose percepisci in te stesso? Quali nuove cose vedi negli altri? I cinque sensi di una persona sono ottimi strumenti per massimizzare i risultati desiderati, sono come il carburante nel motore di un'auto, quando usati in modo efficace, aiutano a raggiungere gli obiettivi più velocemente. Le persone spesso non sanno cosa succede intorno a loro. Quali segni ci inviano le altre persone? La **PNL** è un insieme di potenti tecniche a cinque vie per consentire a qualcuno di percepire e valutare le reazioni degli altri. Questi segni comprendono la consapevolezza del colore della pelle, delle dimensioni del labbro inferiore, della respirazione, del tono della pelle e della dilatazione della pupilla.

4) Avere la flessibilità comportamentale. Essere pronto a fare cambiamenti per raggiungere il successo. È anche la capacità di variare il comportamento per ottenere una risposta da un'altra persona. Il modo in cui una persona agisce è spesso determinato dal modo in cui gli altri reagiscono, e spesso hanno bisogno di cambiare il loro comportamento ed essere flessibili per raggiungere i loro risultati. La flessibilità comportamentale può anche riferirsi all'uso di una tecnica per sviluppare nuove risposte a determinati stimoli, piuttosto che usare risposte vecchie, abituali e spesso limitanti, che in precedenza non erano di aiuto. John Grinder raccomanda che ogni notte una persona riveda la sua giornata e crei 3 modi alternativi per rispondere alle situazioni, creando automaticamente così la flessibilità comportamentale, e quindi il rispondere in modo più adeguato alle situazioni senza risorse. La flessibilità comportamentale è un elemento chiave della **PNL**.

5) Agire partendo da una fisiologia e psicologia di eccellenza. Opera da uno stato del tutto geniale, fa' cose che ti portino verso i tuoi obiettivi. Le persone hanno alcune fisiologie strettamente legate ai loro stati emotivi e comportamentali, e un cambiamento in uno di essi può essere usato per massimizzare i risultati che possono produrre. Adottare una fisiologia positiva ha effetti positivi sullo stato emotivo e sui comportamenti conseguenti. Quando agiamo positivamente, produciamo risultati positivi. D'altra parte, quando le persone adottano una fisiologia negativa, entrano anche in stati emotivi negativi e producono comportamenti negativi. Scegliere di operare da una fisiologia e una psicologia dell'eccellenza cambia il mondo in meglio e ci aiuta a massimizzare i risultati che produciamo. Cos'è una fisiologia e una psicologia di eccellenza? È come qualcuno rimane e come si comportano. Camminare in alto e parlare con chiarezza e sicurezza. I pensieri che passano attraverso le loro menti e come agiscono. Assicurati che la tua testa si sta alzando verso il risultato desiderato, non lontano dall'attività senza risorse. I tuoi pensieri favoriscono il raggiungimento dei risultati desiderati?

"Le parole sono etichette inadeguate di esperienze. Una cosa è leggere su come inchiodare un chiodo. Un altra è sentire il martello nelle tue mani e sentire il rumore caratteristico del chiodo che penetra nella parte liscia del legno. E un altra ancora, sentire la vibrazione e il movimento del martello, al vedersi piegare il chiodo quando capita un nodo nel legno." (Steve Andreas).

Uno dei fattori che distingue un comunicatore geniale da quello mediocre è l'uso del linguaggio. Usare il linguaggio per raggiungere i tuoi obiettivi può differenziare un comunicatore in tutti i livelli. Chiunque fa domande precise ottiene risposte specifiche e informazioni di qualità innegabilmente migliori. Le persone che usano un linguaggio non specifico ottengono risultati non specifici.

La Programmazione NeuroLinguistica consente agli esseri umani di usare la loro capacità mentale in modo più efficace, appresa e archiviata durante la loro vita, in modo obiettivo, sostituendo schemi limitanti come difficoltà linguistiche, aspettative, conflitti e comportamenti indesiderati attraverso la ristrutturazione, il cambiamento di atteggiamenti, la motivazione, competenza, stati e comportamenti desiderati. È, soprattutto, un modello di comunicazione che studia come le persone si relazionano e come comunicano con se stesse. Poiché l'informazione è l'oggetto della comunicazione, il messaggio che li dà è uno dei vari elementi del sistema di comunicazione, accanto al mittente, al destinatario, al codice, al canale e al tipo di trasmissione

I progressi tecnologici non significano la fine della stampa, proprio come l'emergere della televisione non ha messo fine alla radio o ai cinema. I giornali non sono in concorrenza con altri giornali da soli, né fanno radio con altre radio, e così via. Questa è un'ottima notizia, perché se l'informazione è potere, più la conoscenza è divisa, maggiore sarà la democrazia.

Perché ciò accada, tuttavia, le società di comunicazione devono investire nelle proprie risorse umane, perché le redazioni non possono essere invulnerabili al mondo reale. Il giornalista dovrebbe scrivere ai lettori e non agli altri giornalisti. Aprire nuove tecnologie, cercare talenti investendo nella loro formazione, creare meccanismi efficaci di controllo etico, rivalutare il giornalismo, la pubblicità, le relazioni pubbliche, dichiarare guerra alla burocrazia e aprire ampi spazi per la discussione delle professioni dell'area, con nuove idee e riflessioni.

E la **PNL** può essere uno strumento eccellente per collaborare in questo processo, in cui i cervelli naturali hanno bisogno di decodificare e/o riciclare così tante informazioni prima del cervello artificiale. In termini comuni, il modello di comunicazione della **PNL** riguarda il modo in cui comprendi il tuo mondo e i comportamenti che manifesti come risultato.

Si stima che il tuo cervello riceva circa quattro miliardi di impulsi nervosi ogni secondo. Stai percependo tutta questa informazione consapevolmente? No! Ad esempio, sei consapevole di come ti senti la maglietta sulla schiena? A meno che la tua maglietta non sia particolarmente aderente o scomoda o tu abbia una scottatura, sospetto che non eri a conoscenza di come si senta la tua camicia fino a quando non l'ho menzionata.

Perché? Perché non era importante in quel momento ed è stato ignorata. Dei quattro miliardi di bit di informazioni, stai realizzando consapevolmente circa 2000 bit, o circa lo 0,00005 percento di tutte le informazioni potenziali. Assorbire e processare più di queste informazioni ti farebbe impazzire o sarebbe una distrazione tale da non poter funzionare.

Cosa succede con tutta questa altra informazione? Viene filtrata dalla percezione cosciente per la cancellazione (cioè, come si sente la maglietta sulla schiena), dalla distorsione (cioè dalla semplificazione) o dalla generalizzazione. Ciò che effettivamente cancelli, distorti e generalizzi dipende dalle tue convinzioni, lingua, decisioni, valori, ricordi, ecc. Diamo un'occhiata ad alcuni esempi per aumentare la tua comprensione di come funziona.

Supponiamo che tu abbia la convinzione che "Non posso fare nulla di buono". Come reagiresti se qualcuno ti si fosse avvicinato e avesse detto: "Hai svolto un ottimo lavoro nel preparare questo rapporto!" A seconda delle circostanze, è possibile rifiutare, diminuire o deformare il feedback positivo ricevuto.

Internamente, potresti pensare che lui non guarda in dettaglio, e quando lo farà, scoprirà qualcosa di sbagliato e cambierà idea. Supponi che ti dicano ogni giorno di aver fatto un ottimo lavoro – ascolti davvero? Probabilmente no! E poi una persona richiama la tua attenzione sugli errori di ortografia. Risuona con te? Ci puoi scommettere!

Questo dimostra la tua convinzione su di te. Dal punto di vista del filtro, hai eliminato e distorto il feedback positivo con quello negativo. Che credenze hai su di te, degli altri, del mondo, di ciò che ti limita, di chi puoi essere e di ciò che puoi realizzare?

Prendi delle decisioni (cioè, generalizzi) in modo da non dover imparare di nuovo le cose ogni giorno. Se vuoi aprire una porta, hai imparato, molto tempo fa, (hai generalizzato) prendi la maniglia della porta, giri, spingi o tiri e si apre – non devi passare attraverso l'intero processo di riapprendimento come aprire una porta. Le generalizzazioni sono utili, ma anche, possono metterci in varie difficoltà.

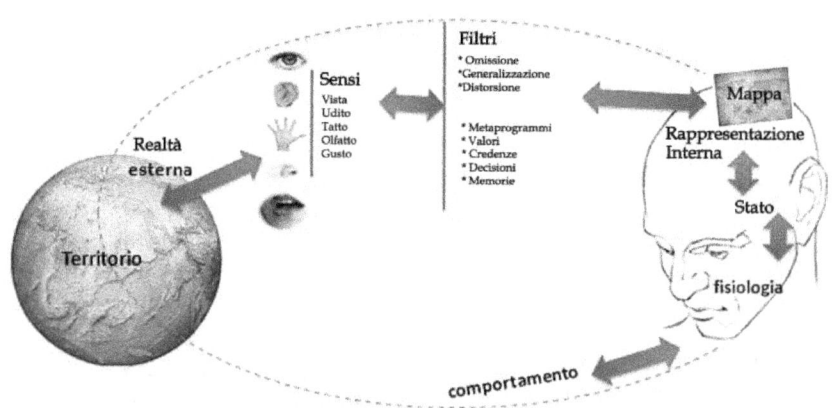

Figura 2: Modello del come costruiamo le nostre rappresentazioni sulla realtà.

In un esperimento, i ricercatori hanno posizionato la manopola sullo stesso lato dei cardini della porta. Cosa immagini che sia successo quando loro hanno lasciato soltanto, adulti nella stanza? Andarono alla porta, tenevano la maniglia della porta, si girarono e cercarono di aprire la porta spingendola o tirandola. Di conseguenza, gli adulti hanno deciso che la porta era chiusa e sono rimasti bloccati nella stanza!

I bambini, d'altra parte, che non avevano ancora fatto la generalizzazione sulla maniglia della porta, semplicemente si avvicinarono alla porta e la spinsero fuori dalla stanza. Gli adulti, tuttavia, a causa delle loro generalizzazioni, crearono la realtà di essere intrappolati nella stanza quando in realtà non lo erano. Quindi, quante delle nostre decisioni (generalizzazioni) sul modo in cui le cose funzionano ci lasciano "imprigionati", mentre altri non sono tenuti da loro?

Ti ricordi di aver fatto colazione stamattina? Come te lo ricordi? Vedi un'immagine nella mente o ci sono odori e sapori? Ci sono suoni? Per ricordare un evento, la mente usa immagini, suoni, sensazioni, sapori, odori e parole. Queste percezioni del tuo "mondo esterno" sono chiamate rappresentazioni interne e sono funzioni dei tuoi filtri (cioè convinzioni e valori). Le tue percezioni sono ciò che consideri sia "reale" o, in altre parole, la tua realtà.

Se tu ed io beviamo il caffè insieme, le nostre rappresentazioni interne o la percezione del caffè del mattino, molto probabilmente, saranno simili e diverse ad un certo punto – secondo ciò che è importante per ciascuno di noi (i nostri filtri).

Sei mai stato al cinema con un amico, seduto uno accanto all'altro, guardato lo stesso film e mentre uno pensava che fosse il miglior film mai visto, l'altro ha trovato l'esatto opposto? Come può accadere? È molto semplice. Tu e il tuo amico avete filtrato le informazioni in modo diverso (diverse credenze, valori, decisioni, ecc.). In altre parole, hai percepito il film in modo diverso, e per questo motivo ti sei comportato diversamente in reazione ad esso.

Dopo tutto, chi ha messo in pratica i filtri? Tu! - basato su ciò che è accaduto nella tua famiglia durante la tua crescita, negli insegnamenti della tua chiesa (o in assenza di una religione), nelle credenze e nei valori del luogo in cui vivi, nelle decisioni che hai preso sul mondo (ad es. luogo sicuro o pericoloso), ecc. Tuttavia, se i tuoi filtri non stanno creando i risultati che desideri, sei l'unico che può cambiarli. Il primo passo è percepire consapevolmente i filtri che hai e il tipo di realtà (risultati) che stanno creando per te.

Vorresti vedere l'effetto che le rappresentazioni interne hanno sul tuo comportamento? Riesci a ricordare un evento davvero gioioso della tua vita? Chiudi gli occhi e ottieni un'immagine di questo evento nella tua mente, evoca suoni, sensazioni, sapori e odori. Prova a rivivere completamente questo evento nella tua mente.

Una volta che lo hai fatto, nota se c'è qualche cambiamento nella tua fisiologia. Forse come risultato di questi ricordi (rappresentazioni interne), hai avuto un sorriso sul tuo viso, o ti sei seduto in posizione eretta, o forse hai respirato più a fondo.

Sono sicuro che la tua fisiologia sia cambiata in qualche modo. Non ti ho chiesto di cambiare la tua fisiologia, vero? Ciò dimostra che le rappresentazioni interiori che fai nella mente influenzano la tua fisiologia, e di conseguenza la tua scelta di parole, il tono della voce che usi e i comportamenti che manifesti.

Ora cerca di sederti più rilassato, lascia che la spina dorsale si alzi, metti un sorriso sul tuo viso e respira profondamente. Mentre fai questo, sentiti triste. Posso scommettere che non puoi sentirti triste senza cambiare la tua fisiologia (cioè respiro corto, spalle piegate, ecc.). Questo dimostra che la tua fisiologia influenza le tue rappresentazioni interne (sentirsi tristi o allegri).

Diamo un'occhiata a un altro esempio: supponi di credere che il tuo capo o qualcuno della tua famiglia sia "un asino".Sei sulla buona strada per vedere il tuo capo e nella tua mente, pensi "Che noia!" Non solo lo pensi così, ma hai delle rappresentazioni interne (immagini, suoni e sensazioni) di eventi precedenti che lo dimostrano – la tua realtà.

Come sarà la tua fisiologia quando entrerai nella sua stanza, qual è il tuo tono di voce o le parole che userai? Dato il tuo comportamento, pensi che sosterrà la tua idea o farà ciò che hai suggerito? Ne dubito, e cos'altro ha fatto? Ha dimostrato ancora una volta che, in effetti, è "un asino"!

Considera ora che uno dei tuoi colleghi trova il contrario, che il tuo capo è eccellente! Che tipo di rappresentazioni interne pensi che faccia del tuo capo? E la sua fisiologia, il tono della voce o le parole che usa? E i risultati che ottiene dal capo? A causa delle percezioni diverse dalle tue, ognuno ha creato risultati diversi e, quindi, diverse realtà!

In base alle tue esperienze passate, filtri le informazioni sul mondo che ti circonda. Le rappresentazioni interiori risultanti sono come percepisci il mondo (la tua realtà) e questo guida i tuoi comportamenti, spesso rafforzando il fatto che la tua percezione del mondo sia "giusta".

Uno dei vantaggi della **PNL** è scoprire questi filtri e il loro impatto su ciò che vediamo, ascoltiamo, sentiamo; come reagiamo agli altri e cosa creiamo nelle nostre vite. Non appena divento consapevole dei filtri che non mi servono, posso scegliere consapevolmente o con l'aiuto delle tecniche di **PNL** per modificarli o rimuoverli. L'azione con cui la tua mente realizza tutto ciò che fai è attraverso la comunicazione, sia essa l'interna o quella che conosciamo meglio: il contatto con altre persone.

E il modello della **PNL** si centra sul PROCESSO della comunicazione, cioè sulla ricerca di COME la comunicazione viene svolta, passo a passo, per raggiungere i risultati desiderati, e no sul contenuto della comunicazione. Conoscendo questi passaggi strategici, puoi interagire con più successo e risultati, con te stesso e con gli altri.

Il primo passo verso una maggiore efficienza comunicativa è capire e praticare un nuovo atteggiamento, una nuova mentalità, tipica delle persone di successo: se vuoi qualcosa da una persona (ad esempio, fare una vendita o stabilire una relazione migliore), la responsabilità per ottenere il risultato desiderato è tuo! Per diventare buoni comunicatori, tuttavia, dobbiamo prima dominare tre modelli principali del nostro comportamento:

1) Sapere quale risultato si desidera;

2) Flessibilità del comportamento. Dobbiamo essere in grado di generare grandi quantità di comportamenti diversi per trovare le risposte emesse;

3) Dobbiamo avere sufficienti esperienze sensoriali per riparare quando abbiamo ottenuto le risposte desiderate.

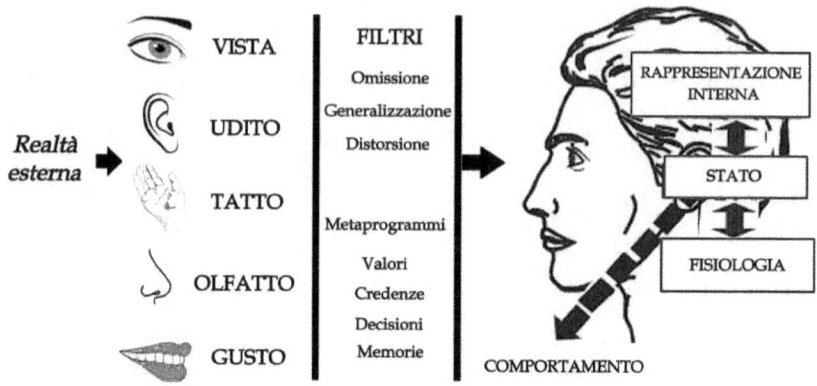

Figura 3. Il modello di comunicazione della **PNL**.

"Per comunicare in modo efficace, dobbiamo capire che siamo tutti diversi nel modo in cui vediamo il mondo, e usare questa comprensione come guida per la nostra comunicazione con gli altri." (Anthony Robbins).

2.2. Sistemi Rappresentazionali

"Quando stai apprendendo le strategie delle persone per comprendere come prendono una decisione, devi anche sapere qual è il loro principale sistema rappresentativo, perché solo così puoi presentare il tuo messaggio in modo che raggiunga il tuo obiettivo". (Anthony Robbins)

Ognuno struttura l'esperienza del mondo attraverso i cinque sensi: vista, udito, tatto, gusto e olfatto. (Per il nostro scopo, il gusto e l'olfatto saranno classificati sotto la sensazione o come categoria cinestetica).Nonostante la tua consapevolezza dei tuoi sensi esterni, sapevi di avere una serie corrispondente di "sensi interiori" e che essi sono chiamati Sistemi Rappresentazionali?

Come vediamo, ascoltiamo, sentiamo sapori, tocchiamo e annusiamo il mondo esterno, ricreiamo anche queste stesse situazioni nelle nostre menti, tornando a presentare il mondo a noi stessi, attraverso l'uso interiore dei nostri sensi. Possiamo ricordare esperienze passate o immaginare possibili (o impossibili) esperienze future.

Puoi immaginare di correre per prendere un autobus (immagine visiva ricordata) o correre attraverso i canali di Marte vestito con un costume da Babbo Natale (immagine visiva costruita). Il primo sarà successo. Il secondo no, ma tu sei ancora in grado di rappresentare entrambi. Utilizziamo i nostri sistemi di rappresentazione in tutto ciò che facciamo — memoria, pianificazione, fantasie e risoluzione di problemi. I sistemi principali sono i seguenti:

1. Il Sistema Cinestetico: Questo è composto dai nostri sensi interiori ed esteriori di tatto e consapevolezza del corpo. Include anche il senso dell'equilibrio. Le emozioni sono anche incluse nel sistema cinestetico, anche se le emozioni sono leggermente diverse — sono sensazioni su qualcosa, anche se sono ancora rappresentate cinesteticamente nel corpo. Quando pensi di stare in equilibrio su una trave e avere la sensazione di toccare una superficie liscia o sentirti felice, stai usando il tuo sistema cinestetico. Talvolta i sistemi olfattivi o gustativi sono trattati come parti del sistema cinestetico. Questi due sono meno importanti nelle culture dell'Europa occidentale e americana.

2. Sistema Visivo: creiamo le nostre immagini interiori visualizzando, sognando ad occhi aperti, fantasticando e immaginando. Quando immagini di guardare uno dei tuoi luoghi preferiti o una bella spiaggia per trascorrere le vacanze, stai usando il tuo sistema visivo.

3. Sistema Uditivo: Usato per ascoltare la musica internamente, parlare con te stesso e ascoltare di nuovo le voci degli altri. Il pensiero uditivo è spesso un misto di parole e altri suoni. Quando immagini la voce di un amico o uno dei tuoi brani musicali preferiti, stai utilizzando il tuo sistema uditivo.

4. Sistema Olfattivo: Consiste di odori ricordati e creati.

5. Sistema Gustativo: È composto da sapori ricordati e creati.

Non usiamo i nostri sistemi di rappresentazione da soli, proprio come non sperimentiamo il mondo attraverso un solo senso. Il pensiero è una miscela ricca di tutti i sistemi, proprio come l'esperienza ci arriva attraverso tutti i sensi.

Tuttavia, proprio come alcuni dei nostri sensi sono più sviluppati e più "sensibili" al mondo esterno, alcuni sistemi di rappresentazione sono meglio sviluppati. Tendiamo a favorire tali sistemi.

Il sistema rappresentazionale preferito è generalmente associato a un senso preferito o eccezionalmente acuto. Ad esempio, se presti molta attenzione a ciò che vedi, è probabile che tu utilizzi il sistema di rappresentazione visiva nel tuo modo di pensare.

Con una preferenza visiva, potresti essere interessato al disegno, all'interior design, alla moda, alle arti visive, alla televisione e al cinema. Con una preferenza uditiva, potresti essere interessato a lingue, libri, teatro, musica, formazione e conferenze. Con una preferenza cinestetica, potresti essere interessato a sport, ginnastica e atletica.

Non esiste un modo "giusto" di pensare. Dipende da ciò che vuoi realizzare. Tuttavia, le persone creative tendono a utilizzare i loro sistemi rappresentazionali in modo più flessibile. La creatività spesso implica pensare a qualcosa con un altro sistema, forse letteralmente "vederlo sotto una nuova luce".

Facciamo attenzione a ciò che sta accadendo nel nostro mondo interiore (pensare / sentire) e nel mondo esterno. Quindi con il mio senso uditivo posso sentire i suoni venuti dal mondo esterno e anche ascoltare il mio dialogo interno. Usando il mio sistema cinestetico, posso fare attenzione alla sensazione esterna del vento sul mio viso e alle sensazioni di fame o fastidio.

Visivamente posso vedere cosa sta succedendo intorno a me o fare attenzione alle mie immagini interiori. E la mia attenzione, in qualsiasi momento, sarà di solito una combinazione di tutti i miei sensi – alcuni avendo una predominanza maggiore degli altri, secondo le circostanze e in quale senso di solito attiro più l'attenzione.

Una delle prime abilità che sviluppiamo nell'apprendimento della **PNL** è riconoscere come una persona sta usando i propri sensi o i suoi sistemi rappresentazionali. Lo facciamo ascoltando indizi, parole o frasi, chiamati predicati, e guardando in quale direzione una persona sta muovendo i loro occhi mentre pensano – i loro segnali visivi di accesso.

I predicati sono parole e frasi che suggeriscono l'attività di vedere, ascoltare, ecc., Ad esempio: "capisco cosa vuoi dire", "questo non mi dice nulla" o "non riesco a capire cosa stai dicendo". L'uso di predicati di una persona fornisce informazioni importanti su come sta pensando in quel momento e su quale dei suoi cinque sensi sta facendo più attenzione.

Nella **PNL**, tendiamo ad ascoltare molto attentamente – e letteralmente ciò che la gente dice. Se la persona con cui comunico mi dice: "Non riesco a immaginarlo", io come espositore, lo prendo al piede di lettera e procedo come se avesse bisogno di più informazioni o di informazioni migliori, in modo da farle "riuscire" immaginarlo – così sarà in grado di visualizzare.

Se sto vendendo qualcosa e la persona dice: "Non riesco a capirlo", posso ritenere che abbia bisogno di essere fisicamente coinvolta nella mia descrizione per essere convinta. Quindi concentrerò i miei sforzi per coinvolgerla in modo che metta le mani su ciò che viene venduto, dandole da usare oppure offrendole di provarlo gratuitamente per una settimana.

Se la persona reagisce al mio grande piano con un "questo non aggiunge nulla", posso ritenere che stia valutando la merce attraverso il suo dialogo interno e magari elencando verbalmente i pro e i contro. Il suo commento suggerisce che ha bisogno di più dati reali (che in realtà aggiungano) e di meno propaganda emotiva.

Conoscere il sistema di pensiero preferito della persona permette di "parlare letteralmente la sua lingua", che, d'altra parte, accentua i *Rapporti* e rende ciò di cui stai parlando più facile da essere compreso e più attraente per lei.

Diciamo che tu e io stiamo avendo un incontro di lavoro. Parli bene l'inglese, ma la tua lingua madre è lo swahili (una lingua madre del popolo della costa africana di Zanzibar).Ora, sebbene tu possa capire il mio inglese, se comincio a parlare un ottimo Swahili, questo cambierà in modo significativo le dinamiche della conversazione e della relazione. Troverai più facile capire le sottigliezze e le sfumature di quello che sto dicendo, e probabilmente ti sentirai più a mio agio.

Allo stesso modo, se ti senti a tuo agio nel tuo senso cinestetico e io sono più a mio agio con il mio senso uditivo, possiamo ancora parlare facilmente. Tuttavia, se sposto il mio significato in una modalità più cinestetica, la dinamica della nostra interazione migliorerà.

Gli umani sono pigri per natura e sono costantemente alla ricerca di modi per semplificare le cose da soli. È per questo che tendiamo a mettere gli altri all'interno di "scatole" o categorie. Questo ci salva dal "problema" di dover imparare di più sulla persona o trattarla come un individuo vivente, incostante, evoluto.

In questo modo mettiamo le persone in "scatole" in base a razza, religione, sesso, preferenza sessuale, accento, abbigliamento, tipo di auto, aspetto fisico, ecc. e se abbiamo partecipato a un seminario sulla **PNL**, i sistemi e i predicati di rappresentazione sono molto utili. Ma non sono come i segni dello zodiaco. Quindi assicurati di evitare la tendenza a decidere, in base a una singola conversazione, che qualcuno "è" un elemento visivo, uditivo o cinestetico.

Ricorda, usiamo tutti i nostri sensi disponibili durante tutto il tempo in cui siamo svegli. È vero che prestiamo più attenzione ad alcuni sistemi rappresentazionali di altri – e in certe situazioni, la nostra scelta può essere limitata principalmente ad un significato. In ogni caso, è prudente evitare l'ipotesi che qualcuno che usa molti predicati visivi oggi sia "visuale" o che sarà lo stesso la prossima volta che lo troverai.

È quello che sta facendo qui e ora – non è quello che "è". A proposito, questo non è un compito importante, richiede solo pochi minuti di attenzione all'inizio della conversazione. La chiave è essere vigili e flessibili. Vigile al sistema che la persona preferisce ora. E abbastanza flessibile per essere in grado di abbinare facilmente questo sistema e "parlare la sua lingua".

Parlare la lingua di un'altra persona è un regalo tanto per lei quanto un prezioso strumento di influenza per te. I buoni comunicatori possono, infatti, reagire facilmente a qualsiasi sistema preferito dall'altra persona. In lunga misura – puoi ignorare i sensi dell'olfatto e del gusto – restando soltanto tre sensi per renderti più flessibile. E come uno di questi è, probabilmente il tuo senso preferito, questo taglia la lista in due.

1. **Quando dici:**

   a) **Visuale** – "Vedo questa rivista di fronte a me."

   b) **Uditivo** – "Sento i suoni e i rumori intorno a me".

   c) **Cinestetico** – "Sento questa rivista nella mia mano".

Stai descrivendo i tuoi sensi esterni. Ma che mi dici del tuo mondo interiore? Usiamo gli stessi cinque sensi per rappresentare ciò che pensiamo internamente o soggettivamente.

2. **Quando pensi:**

   a) **Visuale**: immagini un'immagine del volto di tua madre.

   b) **Uditivo** - ricordi una conversazione che hai avuto ieri.

   c) **Cinestetico** - ricordi una volta che ti sentivi forte e motivato.

Stai usando i tuoi sistemi rappresentazionali interni. È questo mondo interiore, attraverso i nostri sistemi rappresentazionali, che crea il nostro occhio della "mente", le parole (rafforzamento o indebolimento) che diciamo a noi stessi, sensazioni come la gioia o la disperazione che stimolano il nostro comportamento e originano il nostro umore.

Ti rendi conto che ogni azione che fai, o frase che dici, è preceduta da una o più di queste rappresentazioni interiori? Non sei solo... questo accade al di fuori della coscienza della maggior parte delle persone. Le parole che qualunque usa, riflettono se sta pensando di usare il suo sistema visivo, uditivo o cinestetico, e questo dà un'idea di come sta il suo cervello in quel momento, classificando le informazioni. Non puoi dire cosa sta pensando una persona, ma puoi avere una buona idea su come sta pensando.

VISUALE	UDITIVO	CINESTETICO
Immaginare	Parlare	Prendere
Vedere	Ascoltare	Pesare
Mostrare	Melodioso	Passare per di Sopra
Colorito	Sonoro	Toccare
Illustrare	Chiamare	Trovare
Intuire	Risuonare	Sentire
Immagine	Udire	Inattivo
Occhiare	Suono	Afferrare
Brillo	Discutere	Emozionare
Lampadina	Campanello	Caldo
Prospettiva	Volume	Umido
Colore	Sintonia	Morbido
Nitido	Armonia	Firme
Contrasto	Fischio	Teso
Illuminato	Grido	Pressione
Distanza	Cadenza	Duro
Dimensione	Ritmo	Tenero

Tabella 2: alcune parole utilizzate che indicano diversi sistemi rappresentazionali.

Quando sai come ascoltare il tipo di parole che le persone usano, sai che "senso" stanno usando nel loro modo di pensare. E sapere questo, è una connessione diretta per convertire il suo linguaggio al suo sistema di rappresentazione, che crea un *Rapporto* molto profondo e influenze a livello inconscio.

Utilizziamo tutti i sistemi rappresentazionali tutto il tempo, ma uno o due sono probabilmente i più predominanti. Ad esempio, una persona molto "visuale" vedrà molte immagini nella sua mente e userà parole come quelle nella colonna visuale sopra — vedere, osservare, visione. Una persona prevalentemente "uditiva" farà uso del dialogo interno e userà parole come ascoltare, sentire, parlare.

Quindi se usi parole uditive per una persona con preferenza momentaneamente visiva, inconsciamente dovrà tradurre la sua lingua internamente per il suo proprio sistema. Questo richiede tempo, può essere difficile per alcune persone e non fornisce la creazione di *Rapporti*.

VISUALE	UDITIVO	CINESTETICO
Vedo ciò che vuoi dire	Io ascolto	Sento sia giusto
Mi sembra buono	Quello suona come un'allarme	Io non posso prendere il senso
Immagino il cuadro	Ciò fa un clic	La tua idea mi tocca profondamente

Tabella 3: alcune frasi che rivelano i diversi sistemi rappresentazionali.

2.3. Vie di accesso & i movimenti degli occhi

La NeuroLinguistica propone una teoria sull'apprendimento che tiene conto del fatto che l'essere umano non vive nel mondo che lo circonda, ma nella rappresentazione di quel mondo. È ciò che vede, ciò che ascolta e ciò che sente. Secondo questa teoria, l'essere umano riceve ed elabora le informazioni e alcune variabili interferiscono in questa elaborazione. Una volta elaborate le informazioni, assembla una rappresentazione di ciò che ha visto o sentito, ed è sulla base di quella rappresentazione che agisce.

Ci sono molti fattori che influenzano questo processo, a cominciare dagli obiettivi che ciascuno ha. Secondo la NeuroLinguistica, il sistema di credenze e valori che la persona ha – e che si sviluppa fondamentalmente nel bambino fino all'età di sette anni – influenza molto nel modo in cui l'essere umano elabora le informazioni che riceve.

La mappa che la persona fa sul mondo esterno è formata da informazioni visive, uditive e sensazioni (cinestesiche). Nessuno è solo visivo, uditivo o cinestetico. È la somma dei tre. Alla fine – come risultato dell'ambiente in cui viveva – si sviluppa uno più dell'altro. Tuttavia, possiamo funzionare visivamente ora e dopo dieci secondi, operare in un modo più cinestetico.

Secondo la NeuroLinguistica, lavorare visivamente, ad esempio, presta più attenzione alla parte visiva dell'esperienza vissuta in un particolare momento dell'esperienza interiore, specialmente, e questo porta con sé diversi riflessi. Le parole che saranno usate per esprimere tale esperienza rifletteranno questo funzionamento visivo. In questo caso, o in uno qualsiasi degli altri sistemi, c'è una parte del cervello che diventa più irrigata e si riscalda di più.

Quindi, se l'individuo sta funzionando più visivamente, tende a usare più parole come "fotografia", "punto di vista", "nitidezza", "naturalmente ho ragione", "la vita è colorata", ecc. Se sta lavorando in modo più uditivo, tende a usare parole come ritmo, gravità, risposta, che sono parole uditive.

Se funziona in modo più cinestetico, tende a usare parole come "sensazione, shock e impatto". Ci sono anche parole dette non specifiche, come la parola pensare, che sono usate come jolly che permettono sia al parlante che chi l'ascolta di sentire utilizzare il sistema più appropriato in quel momento.

Una delle funzionalità più utilizzate in **PNL** è la scoperta della relazione tra i processi interni di una persona e il movimento degli occhi. L'indicazione esterna di ciò che stiamo facendo è la posizione degli occhi. In genere, mentre costruiamo le immagini, spostiamo gli occhi verso l'alto a destra. Raccogliendo una sensazione, di solito guardiamo in basso, a destra. In questo modo, la posizione degli occhi corrisponde ad un certo tipo di accesso.

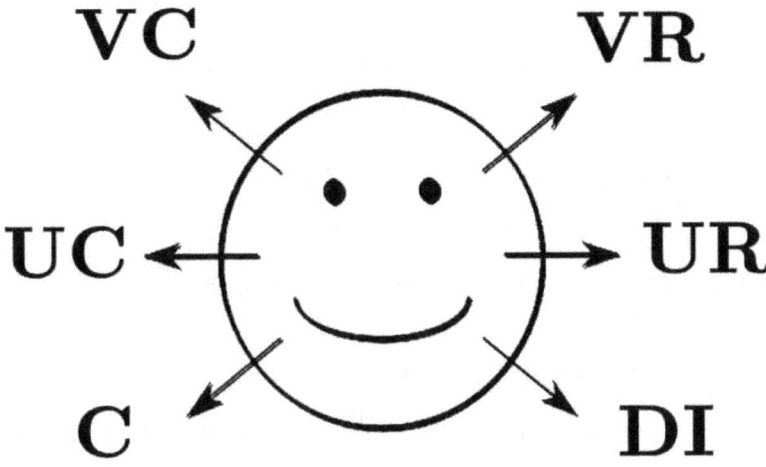

Figura 4. Posizioni degli occhi quando si guarda un'altra persona. Queste posizioni corrispondono allo schema di circa il 90% delle persone e nelle altre appaiono invertite lateralmente.

1) Visuale Rammemorata (VR): quando si ricordano le immagini di cose o situazioni già viste, nel modo in cui sono state visualizzate prima. Le **domande** che provocano queste mosse sono come: "Di che colore sono le scarpe che indossi?" "Quando hai visto per l'ultima volta quel romanzo?" "Quando hai viaggiato con questo ragazzo?" "Come sono i tuoi capelli?" ecc. Pertanto, domande relative ai fatti del presente e soprattutto del passato.

2) Visuale Costruita (VC): quando crei immagini di cose che non hai mai visto prima o ricordi le immagini in modo diverso nel modo in cui sono state visualizzate. Le **domande** che suscitano questo tipo di movimento sono: "Come sarebbe un elefante rosa con punti rossi?" "Come eri quando avevi quindici anni?" "Come ti immagini quando realizzerai il tuo grande sogno?" "Come saresti se fossi tre volte più alto?" Quindi sono domande su situazioni future o distorsioni di ricordi molto vecchi e/o dissociati.

3) Uditiva Costruita (UC): quando le parole vengono create o ascoltate in modi insoliti, o suoni o parole messe insieme in un modo nuovo. **Domande** che suscitano risposte del genere: "Immagina l'abbaiare di un cane prodotto da una chitarra elettrica". "Come sarebbe la voce della tua coppia imitando a Paperino?" "Se fosse di creare una nuova musica, come sarebbe?" "Quali sarebbero i suoni di una notte tranquilla davanti il fuoco?" Cioè domande su nuove esperienze uditive, diverse dalla realtà.

4) Uditiva Rammemorata (UR): quando ricordi suoni e voci ascoltati prima. **Domande** che suscitano questo movimento: "Qual è stata l'ultima cosa che hai sentito?" "Com'è è la voce di tuo padre o di tua madre?" "Com'è il suono della tua sveglia?" "Che cosa ha detto ieri?" ecc. Quindi sono domande che cercano ciò che è realmente accaduto in passato in termini sonori o verbali.

5) Cinestetico (C): il movimento degli occhi indica che la persona sta accedendo alla fase sensoriale o emotiva dell'esperienza interiore. Sentire o ricordare le emozioni e le sensazioni esterocettive (originate dall'ambiente nel momento in cui è stata data l'esperienza: freddo, caldo, vento, ecc.), enterocettive (sensazioni di organi interni, dolori, contrazioni, pizzicotti, pizzicori, ecc.) o propriocettive sensazioni di postura del corpo, equilibrio, ecc.). **Domande** che suscitano questo movimento: "Come ci si sente a correre, ad essere felici?" "Com'è la sensazione di sabbia e mare sul tuo corpo o sotto i tuoi piedi?" "Il pelo del tuo cane è ruvido o morbido?"

6) Dialogo interno (DI): il movimento degli occhi che indica l'esperienza mentale del momento in cui stai parlando o discutendo con te stesso. I mancini hanno spesso questi movimenti oculari invertiti in relazione a ciò che è stato descritto, cioè i movimenti ricordati e il dialogo interno alla sinistra della persona che osserva, e i movimenti costruiti e il cinestetico alla destra della persona che osserva.

I segni visivi e altri, chiamati vie di accesso, sono usati, ad esempio, per rilevare ciò che una persona sta facendo e ciò a cui sta prestando attenzione, cioè le strategie di pensiero che sta applicando. Questi piccoli esperimenti evidenziano il campo di lavoro della **PNL**, che è la sua esperienza soggettiva, il suo mondo interiore, con tutta la ricchezza e il potenziale, in gran parte inesplorati.

Le differenze fondamentali della **PNL** per altre discipline e metodologie è una visione della mente come costituita da processi in corso, in cui è possibile intervenire, una integrazione corpo mente e un approccio sistemico ed ecologico, in cui c'è un profondo rispetto per gli obiettivi delle persone e le loro credenze.In questo contesto, la **PNL** è inserita esattamente come un atteggiamento e uno strumento per supportare le persone nella definizione e nel raggiungimento dei propri obiettivi.

Tutte le tecniche e gli strumenti della **PNL** sfruttano le interazioni e le relazioni tra le persone creando numerose possibilità di applicazione nelle varie aree degli affari. Durante la riunione di vendita, il venditore sarà molto più propenso ad aumentare le necessità del cliente, enfatizzare le caratteristiche e i vantaggi del prodotto che sta offrendo e guidare il cliente a fare scelte sensate, che affrontino ciò che è veramente importante per lui, in un modo piacevole ed obiettivo.

L'oratore che usa la **PNL** otterrà risultati molto migliori, essendo consapevole che il pubblico ha diversi canali e metaprogrammi per ricevere il messaggio, ciò fornisce una presentazione molto più dinamica, elegante, sicura, organizzata e felice. La comunicazione interna dell'azienda migliora significativamente, poiché le squadre sono formate per interagire osservando il modo migliore per comunicare le decisioni che sono state prese.

Una delle grandi difficoltà nelle aziende è la comunicazione tra i dipendenti di diversi settori. Le decisioni prese dal direttore vengono comunicate agli amministratori, che comunicano ai gerenti. Quando queste decisioni raggiungono i dipendenti che le eseguiranno, il messaggio iniziale ha già subito diversi filtri di distorsione, omissione e generalizzazione, che influenzeranno negativamente la qualità del risultato finale atteso dall'amministrazione, nel processo decisionale.

I movimenti dei nostri occhi sono in correlazione con i nostri modi di pensare. Sono indicatori non del contenuto dei nostri pensieri, ma del "come pensiamo". I movimenti dei nostri occhi dipendono dai processi neurologici attivi nella costruzione delle nostre rappresentazioni. Sono in realtà "movimenti" osservabili verso l'alto, il centro o verso il basso, e non dalle interpretazioni che ognuno può farsi di loro: "Ha uno sguardo triste" "allegro", "cupo", "chiaro" e così via.

Tali movimenti sono spesso rapidi (meno di un secondo) e si succedono l'un l'altro. Quindi, prestando attenzione alle relazioni esistenti tra il linguaggio sensoriale di una persona e i suoi movimenti oculari, potresti notare:

1) Quando questa persona si esprime in termini visivi, tenderà a guardare in alto;

2) Quando questa persona parla da solo, sente la musica o sente dei suoni nella testa, i suoi occhi rimarranno orizzontali. Quando sei in un dialogo interiore, i tuoi occhi girano verso il basso, a destra;

3) Quando sperimenta un'emozione o una sensazione, i suoi occhi saranno diretti verso il basso, a sinistra.

Occhi verso l'alto a sinistra: vedere qualche cosa mai vista prima.
Immagine costruita

Occhi verso l'alto a destra: cercare qualche cosa già vista.
Memoria visuale

In centro, ad un punto fisso: guardando al vuoto, con una leggera dilatazione della pupilla.
Immagine dalla memoria o costruita

Occhi in centro, verso destra o sinistra: ascolta suoni estremi o interni (in memoria o immaginari).
Auditivo

Occhi verso il basso a sinistra: sensi, emozioni.
Cinestetica

Occhi verso il basso a destra: dialogo interno.
Auditivo

Figura 5. È importante notare che lo schema di qua sopra non è una rigida regola di comportamento, ma più una tendenza. L'accesso ai suggerimenti può variare da individuo a individuo. È normale che i destrimani guardino a sinistra quando ricordano le informazioni e guardano a destra quando creano informazioni, e viceversa per i mancini.

Dobbiamo anche sapere che i movimenti degli occhi precedono l'espressione verbale del pensiero. Quindi una persona alzerà più o meno velocemente gli occhi verso l'alto prima di dichiarare: "Capisco cosa intendi". O li farà cadere giù prima di rendersi conto che lei "si trova a proprio agio con il suo progetto".Anche in questo caso sarà la frequenza della ripetizione di movimenti, che può servire da indicatore del sistema privilegiato di rappresentazione utilizzato da una persona.

Quindi, per esempio, se per l'occasione d'una serie di domande che fai a uno dei tuoi interlocutori, fai attenzione ai suoi movimenti oculari quando prepara la risposta che ti darà,puoi notare che tende a sollevarli o abbassarli. E puoi dedurre il sistema di rappresentazione che usa per rispondere. Sarà quindi sufficiente verificare la sua ipotesi posizionandola in relazione ai predicati impiegati nella risposta verbale. Il movimento degli occhi è, quindi, un altro mezzo di accesso ai processi interni di rappresentazione del tuo interlocutore.

Spesso, i movimenti oculari e i predicati funzionano all'unisono. Colui che sente, usa il vocabolario cinestetico mentre i suoi occhi scendono a sinistra. Colui che usa i termini dell'udito mantiene i suoi occhi orizzontalmente, e chi usa termini visivi sposta gli occhi verso l'alto.

Quante volte, in risposta a una richiesta di informazioni, hai osservato la persona che risponde: "Vediamo", mentre muoveva gli occhi e la testa verso l'alto, come se volesse ottenere la risposta sul "soffitto".

Le informazioni a volte sono così ridondanti che spesso sentiamo in situazioni simili: "Vediamo". Altre volte, predicati e movimenti oculari differiscono: "Mi sento bene in questa situazione" (predicato C), accompagnato da un movimento degli occhi verso l'alto a destra (V).

Quando i predicati e i movimenti oculari differiscono, i predicati indicano il sistema con cui la persona dà un senso alla situazione che sta vivendo. È il sistema della rappresentazione stessa. I movimenti oculari indicano il sistema di guida che questa persona prende in prestito, per ottenere quella rappresentazione. Nell'esempio precedente, la persona ha visto qualcosa interiormente (**VR**). Era la visione di questa immagine che ha portato alla sensazione. Da qui il nome di "**Sistema Guida**".

Possiamo concludere che la migliore conoscenza del funzionamento del nostro cervello apre orizzonti affascinanti, ricchi di conseguenze pratiche. Quindi, sulla base di osservazioni precise, la **PNL** fornisce una serie di nozioni e metodi che consentono di comprendere meglio come ciascuno si organizza "nella sua testa" per costruire la sua esperienza della realtà. Questi indicatori oggettivi (predicati e movimenti oculari) sono i primi elementi necessari per padroneggiare l'uso di tali metodi, qualunque sia il campo di applicazione.

Per illustrare un esempio di come la comunicazione può essere disastrosa e inefficiente, immagina un cliente che operi in un linguaggio visivo. Entra in un negozio di suoni e dice al venditore: "Vorrei **VEDERE** quel **CD Player BIANCO (Vedere + Bianco**)."Il venditore, tuttavia, operando in un linguaggio uditivo risponde: "**Quel dispositivo è fantastico**, ha un potenziamento di 85 decibel." Il cliente, forse, stava solo pensando al colore del dispositivo e al modo in cui corrisponderebbe all'arredamento della sua stanza. Ma quando il venditore interrompe la sua proiezione visiva, si accorge del rumore che può produrre il suono e finisce per rinunciare all'acquisto del dispositivo.

2.4. Il Potere delle Metafore

"Se pensi di potere o pensi di non poterlo fare, hai ragione comunque."
(Henry Ford).

Le metafore sono grandi strategie per rendere più facile il cambiare le convinzioni, la prospettiva o la concentrazione delle persone. Una metafora è una figura retorica in cui una parola o una frase che denota un particolare oggetto o idea viene applicata a un'altra parola o frase per suggerire qualche somiglianza tra di loro. Usando le metafore, possiamo discutere le nostre esperienze in modi creativi e fantasiosi per consentire una comprensione più facile per il pubblico di come una determinata esperienza sia stata vera per noi.

La **PNL** fa un grande uso di metafore e la raccomanda a molti esperti. Sono davvero molto potenti – sia in una relazione di aiuto o di condanna – a condizione, tuttavia, che i quadri di riferimento che usano siano conformi alle rappresentazioni di coloro a cui sono indirizzati.

Le metafore in **PNL** corrispondono a un sistema di informazione che viene memorizzato come ricordi registrati in uno o più sistemi rappresentazionali, corrispondenti ai cinque sensi. È solo quando vengono attivate queste registrazioni che i sentimenti sorgono (se sono significativi).

Ma se la memoria non viene mai attivata, nessun sentimento sarà stimolato. Un lettore CD ha molti dischi, ma la musica viene riprodotta solo quando il raggio laser fa la lettura. Se usassimo la metafora freudiana per descrivere questo, diremmo che il lettore CD è pieno di canzoni che lottano per esprimersi (catarsi).

Pensare a una persona come un sistema informativo rende chiaro perché la catarsi, oltre a non funzionare, può anche peggiorare molti problemi, o persino crearne di nuovi. Sebbene la metafora del sistema informativo sia stata molto più utile della metafora Freudiana, un'altra (ancora da scoprire) potrebbe essere migliore.

Metafore e racconti sono strumenti importanti nell'educazione. L'umanità, nella sua fase orale, ha usato i racconti, gli adagi, le parabole, le metafore, per insegnare alle giovani generazioni, le storie della sua stessa gente, degli antenati mitici ed eroici.

I moderni concetti di metafora, basati sul lavoro di Milton Erickson, adottati dalla **PNL**, comprendono similitudini, parabole, allegorie o figure del linguaggio che implicano un confronto. Ma le storie, le favole e le parabole sono le loro forme più evolute.

Le metafore comunicano indirettamente. Ed è un processo linguistico che consiste nel fare una sostituzione analogica. Semplici metafore fanno paragoni semplici: "mettere le mani sulle brace, brutto come il diavolo, fare crepa al cuore".

Le metafore complesse sono storie con diversi livelli di significato. "Una metafora detta in modo chiaro e semplice distrae la mente cosciente e attiva dalla ricerca inconscia di significati e risorse" (O'CONNOR e SEYMOUR, 1995).Cioè, rivelano elementi nascosti che solo l'inconscio può percepire e utilizzare.

Le metafore possono assumere molte forme, a seconda dell'effetto desiderato, del contenuto da trasmettere, del tempo disponibile, dell'interlocutore e del gruppo di ascoltatori.

1) Le Immagini – Sono veloci e semplici. Illustrano molto bene il contenuto orale e scritto. Sullo sfondo c'è una parola o frase che cambia direzione: "Prendi il toro per le corna"; "Hai il naso storto"; "Coprire il sole con un dito".

2) I Confronti – sono anche immagini. Tuttavia, hanno sempre qualche elemento comparativo: "fumare come un camino", "bere come una spugna".

3) I proverbi – sono massime o frasi di carattere pratico e popolare, comuni a un intero gruppo sociale, espresse in modo succinto e solitamente ricco di immagini: "Dopo la tempesta arriva sempre l'arcobaleno". "Il gatto scottato ha paura dell'acqua fredda".

4) Aneddoti e citazioni – Questi sono racconti succinti di fatti scherzosi o curiosi vissuti da altri e citati tra virgolette, dall'autore del discorso o del testo: "Mi fa pensare alla domanda che un tizio ha fatto durante..."; "Come avrebbe detto il professore d'italiano..."

5) Miti e racconti – Storie immaginarie, di solito di origine popolare, che mettono in gioco eroi che incorporano forze della natura o aspetti della condizione umana, durante episodi che non sarebbero accaduti ma che fanno parte dell'inconscio collettivo: "mito del paradiso perduto", ""Mitologie greco-romane", "fiabe".

6) Narrazioni, parabole e storie – Sono forme metaforiche più complete e complesse. Tuttavia, per generare cambiamenti nell'interlocutore, la storia deve avere forme simili alla realtà vissuta da esse.

Il narratore di una metafora deve sempre lasciare lacune nell'indice referenziale: " "In un paese lontano..." "C'era una volta un vecchio re..." Lavorare con verbi aspecifici: venendo, dicendo, facendo, discutendo, ecc. E con nominalizzazioni: spirito, saggezza, speranza, santità, amore, verità, ecc. Oltre a mascherare le determinazioni o i suggerimenti, mettendoli nel discorso dei personaggi: "Non lo sapevo, ma l'agnello sapeva!"

Mazzilli (1996) descrive le fasi e gli elementi che dobbiamo usare nell'elaborazione di una metafora per fornire un cambiamento personale:

1° Il primo passo per creare una metafora è conoscere lo stato corrente e lo stato desiderato dell'ascoltatore. La metafora sarà la storia o il viaggio da un punto a un altro.

2° Decodificare gli elementi di entrambi gli stati: persone, luoghi, oggetti, attività, tempo, senza perdere di vista i sistemi rappresentazionali e le sotto modalità di ciascuno di questi elementi.

3° Scegli un contesto appropriato per la storia. Preferibilmente uno che sia interessante e sostituisci gli elementi del problema con altri elementi, ma mantenendo la relazione tra di loro.

4° Crea la trama della storia in modo che abbia la stessa forma dello stato attuale e conduca attraverso la strategia di connessione fino alla soluzione del problema (lo stato desiderato) senza passare attraverso l'emisfero sinistro, andando direttamente all'inconscio.

"Una metafora rappresenta un sottile equilibrio tra, da un lato, la specificità degli elementi inclusi in essa, al fine di persuadere l'interlocutore o il lettore della somiglianza tra la storia e la propria situazione e, dall'altro, una certa imprecisione, lacune nel contenuto, "gioco" (nel senso meccanico della parola), in modo che egli accetti la metafora e la riceva all'interno del proprio modello del suo mondo." (LONGIN, 1996).

2.5. Modellaggio: la riproduzione di modelli di eccellenza

"Il modellaggio dell'eccellenza è la duplicazione di uno standard di eccellenza: si tratta di innalzare la strategia di una persona che fa qualcosa in modo molto naturale, capendola, dettagliandola e scrivendo una procedura che servirà da base per addestrare un'altra persona per essere eccellente come quello modellato"(VIEIRA, 1996).

Il principio che costituisce la base del modellaggio è semplice: se vuoi fare qualcosa bene, prima trova qualcuno che lo fa già; in secondo luogo, scoprire che cosa specificamente fa che lo rende notevole; terzo, inizia a fare quello che fa. In pratica ciò richiede una grande precisione – copiare minuziosamente tutto ciò che qualcuno fa non è sempre sufficiente. L'abilità sta nell'individuare le parti chiave che fanno la differenza. Una volta definito con cura, è spesso utile ideare una formazione che possa, rapidamente, rendere quelle abilità disponibili per gli altri – e la **PNL** può farlo.

Walt Disney, ad esempio, nel creare il suo futuro ha dimostrato tre caratteristiche chiave nella proiezione del successo:

1) Aveva sogni osati (**Creativo**);

2) Sapeva valutare in modo molto realista il momento presente (**Realista**);

3) Da lì, ha costruito un ponte verso il futuro, specificando i passi per raggiungere il suo sogno, partendo dalla realtà presente (**Critico Costruttivo**)

Se si guarda alla strategia di creare il futuro di un brasiliano molto coraggioso e di successo, Amyr Klink potrebbe verificare che sono presenti gli stessi elementi. Quindi, se vuoi avere successo, modella le persone di successo!

Uno dei grandi contributi della **PNL** è che ci offre un modo per guardare oltre ciò che le persone fanno, prestando attenzione alle forze più invisibili dietro questi comportamenti; veniamo a vedere le strutture di pensiero che hanno permesso a queste persone brillanti di portare a termine le loro opere.

Il dizionario *Webster* definisce un modello come "una descrizione semplificata di un'entità o di un processo complesso" – come il "modello computerizzato" dei sistemi circolatorio e respiratorio. Il termine ha la sua radice nel modus latino, che significa "un modo di fare o essere, un metodo, una forma, una moda, un'abitudine, un modo o uno stile". Più specificamente, la parola "modello" deriva dal modulo latino, che essenzialmente significa una versione "minore" dell'originale.

Il "modello" di un oggetto, ad esempio, è in genere la versione in miniatura o la rappresentazione di questo oggetto. Un "modello di lavoro" (come quello di una macchina) è qualcosa che può fare, su una scala più piccola, il lavoro che la macchina stessa fa o che dovrebbe fare.

La nozione di "modello" significava anche "una descrizione o analogia usata per aiutare a visualizzare qualcosa (come un atomo) che non può essere osservato direttamente". Può anche essere usato per indicare "un sistema di postulati, dati e conclusioni presentati come una descrizione formale di un'entità o di una situazione aziendale".

In questo modo, un treno in miniatura, una mappa della posizione delle più importanti stazioni ferroviarie o l'orario dei treni, sono tutti esempi di diversi tipi di possibili modelli di un sistema ferroviario. Il loro scopo è quello di emulare alcuni aspetti del sistema ferroviario reale e fornire informazioni utili per affrontare meglio le interazioni con questo sistema.

Il treno in miniatura, ad esempio, può essere utilizzato per valutare le prestazioni di un treno in determinate condizioni fisiche; la mappa della stazione può aiutarti a pianificare il percorso più efficiente per raggiungere una città particolare; il programma del treno può essere utilizzato per determinare il tempo necessario per un viaggio. Da questa prospettiva, il valore fondamentale di ogni modello è la sua utilità.

Il Modellaggio del Comportamento implica l'osservazione e la mappatura di processi di successo che costituiscono la base di un tipo di prestazione eccezionale. È un processo di prendere un evento complesso, o una serie di eventi, e dividerlo in segmenti abbastanza piccoli, in modo che l'evento possa essere ricapitolato in qualche modo.

Lo scopo del modellaggio comportamentale è di creare una mappa pragmatica o "modello" di questo comportamento che possa essere utilizzata per riprodurre o simulare alcuni aspetti di questo rendimento da chiunque sia motivato a farlo. L'obiettivo del processo di modellaggio del comportamento è identificare gli elementi essenziali del pensiero e dell'azione necessari per produrre la reazione o il risultato desiderato.

Al contrario di fornire dati puramente correlati o statistici, il "modello" di un particolare comportamento deve fornire una descrizione di ciò che è necessario per ottenere effettivamente un risultato simile.

Il campo della Programmazione NeuroLinguistica si è sviluppato oltre il modellaggio dei processi del comportamento e dei pensieri umani. Le procedure di modellaggio della **PNL** prevedono la scoperta di come il cervello (Neuro) funziona, l'analisi dei modelli linguistici (Linguistica) e della comunicazione non verbale. I risultati di questa analisi vengono quindi inseriti in strategie passo per passo o programmi (Programmazione) che possono essere utilizzati per trasferire tali competenze ad altre persone e aree.

In effetti, la **PNL** è iniziata quando Richard Bandler e John Grinder hanno modellato gli schemi del linguaggio e del comportamento nelle opere di Fritz Perls (fondatore della terapia Gestalt), Virginia Satir (fondatrice della terapia familiare e terapia sistemica) e Milton H. Erickson , MD (fondatore della American Society of Clinical Hypnosis). Le prime "tecniche" della **PNL** derivavano dai modelli verbali e non verbali che Grinder e Bandler osservavano nel comportamento di questi terapeuti eccezionali.

L'implicazione del titolo del loro primo libro, The Structure of Magic (1975), era come se ciò che sembrava inspiegabile avesse spesso una struttura più profonda che, una volta illuminata, poteva essere compresa, comunicata e messa in pratica da altre persone, a parte dei rari 'maghi' eccezionali che avevano inizialmente eseguito la magia. La **PNL** è il processo attraverso il quale sono stati scoperti i pezzi rilevanti di comportamento di queste persone e dopo organizzati in un modello di lavoro.

La **PNL** ha sviluppato tecniche e distinzioni per identificare e descrivere i modelli verbali e non verbali del comportamento delle persone – cioè, gli aspetti essenziali di cui una persona parla e che cosa fa. Gli obiettivi di base sono: modellizzare le capacità speciali ed eccezionali e contribuire a rendere queste capacità trasferibili agli altri. Lo scopo di questo tipo di modellaggio è di mettere ciò che è stato osservato e descritto in azione in modo produttivo e arricchente.

Gli strumenti di modellaggio ci consentono di identificare modelli specifici e riproducibili nella lingua e nel comportamento delle persone che fungono da esempi. Mentre la maggior parte delle analisi della **PNL** viene effettivamente eseguita osservando e ascoltando queste persone esemplari in azione, molte informazioni preziose possono anche essere raccolte dalle registrazioni scritte.

Lo scopo del modellaggio non è quello di terminare con una descrizione "giusta" o "sbagliata" del processo di pensiero di una determinata persona, ma piuttosto di creare una mappa strumentale che ci permetta di applicare le strategie che modelliamo in qualche modo utile. Una "mappa strumentale" è quella che ci consente di agire in modo più efficace: la "precisione" o "veridicità" della mappa è meno importante della sua "utilità".

Quindi l'applicazione strumentale delle strategie comportamentali o cognitive modellate di un particolare individuo o di un gruppo di individui, comporta il loro inserimento in strutture che ci permettono di usarle per qualche scopo pratico. Questo scopo può essere simile o diverso da quello per il quale il modello è stato inizialmente utilizzato. Ad esempio, alcune applicazioni del modellaggio comuni includono:

1) Comprendere meglio qualcosa sviluppando più "metacognizione" sui processi che costituiscono le sue basi – alla fine di essere in grado di insegnarlo, ad esempio, o di usarlo come una sorta di "punto di riferimento".

2) Ripetere o perfezionare una performance (una situazione sportiva o manageriale) specificando i passi compiuti dal performer esperto o verificatasi durante esempi molto favorevoli dell'attività. Questa è l'essenza del movimento del processo di reingegnerizzazione aziendale.

3) Raggiungere un risultato specifico (come l'ortografia efficace o il trattamento di fobie o allergie). Piuttosto che modellare un singolo individuo, ciò è spesso realizzato, sviluppando "tecniche" basate sul modellaggio di vari esempi o casi di successo.

4) Estrarre e/o formalizzare un processo per applicarlo in un diverso contenuto o contesto. Ad esempio, una strategia efficace per la gestione di una squadra sportiva può essere applicata anche per gestire un'impresa e viceversa. In un certo senso, lo sviluppo del "metodo scientifico" è venuto da questo tipo di processo in cui le strategie di osservazione e di analisi che sono state sviluppate per un'area di studio (come la fisica) sono state anche usate in altre aree (come la biologia).

5) Fare la deduzione su qualcosa che è vagamente basata sul processo reale del metodo. Un buon esempio di ciò è la rappresentazione fantasiosa di Sherlock Holmes di Sir Arthur Conan Doyle, basata sui metodi di diagnosi del suo professore della Scuola di medicina di Joseph Bell.

La **PNL** disegna molti dei suoi principi e distinzioni dal campo della grammatica trasformazionale come un modo per creare modelli del comportamento verbale delle persone. Uno dei principi essenziali della grammatica trasformazionale è che i comportamenti, le espressioni e le reazioni tangibili sono "strutture superficiali" che portano a trasformare le "strutture più profonde" in realtà.

Questo è un altro modo per dire che i modelli che facciamo del mondo che ci circonda, con il nostro cervello e il nostro linguaggio, non sono il mondo stesso ma le sue rappresentazioni. Un'importante implicazione dei principi della grammatica trasformazionale è che ci sono multipli livelli di strutture, successivamente più profondi nella strutturazione e organizzazione all'interno di qualsiasi sistema di codifica.

Un'importante implicazione di questo, riguardo al modellaggio, è che potrebbe essere necessario esplorare diversi livelli della struttura profonda dietro una particolare performance per produrre un modello efficace. Inoltre, diverse strutture superficiali possono essere riflessi di strutture profonde comuni. Per il modellaggio efficace, è spesso importante esaminare molti esempi di strutture superficiali per capire meglio o identificare la struttura più profonda che la produce.

Un altro modo di pensare alla relazione tra struttura profonda e struttura superficiale è la distinzione tra "processo" e "prodotto". I prodotti sono espressioni di livello superficiale dei processi produttivi più profondi e meno tangibili che ne sono la fonte. Pertanto, le "strutture profonde" sono potenziali nascosti che sono diventati evidenti nelle strutture di superficie concrete come risultato di un insieme di trasformazioni. Questo processo include sia la distruzione selettiva sia la costruzione selettiva di dati.

In questo senso, una delle sfide fondamentali del modellaggio deriva dal fatto che il movimento tra la struttura profonda e la struttura superficiale è soggetto al processo di generalizzazione, cancellazione e distorsione. Cioè, alcune informazioni sono necessariamente perse o distorte nella trasformazione dalla struttura profonda alla struttura superficiale

Nel linguaggio, per esempio, questi processi si verificano durante la traduzione delle strutture profonde (come immagini mentali, suoni, sensazioni e altre rappresentazioni sensoriali che sono memorizzate nel nostro sistema nervoso) alla struttura superficiale (le parole, i segni e i simboli che scegliamo per descrivere o rappresentare la nostra esperienza sensoriale primaria). Nessuna descrizione verbale è in grado di rappresentare in modo completo o preciso l'idea che sta cercando di esprimere.

Gli aspetti della struttura profonda che sono diventati evidenti, sono quelli per cui sono stati riempiti sufficienti collegamenti persi (delezioni, generalizzazioni, distorsioni), in modo che il potenziale nascosto a livello della struttura profonda, sia in grado di completare la serie di trasformazioni necessarie, per diventare evidenti come struttura di superficie. Uno degli obiettivi del processo di modellaggio è identificare l'insieme completo di trasformazioni sufficienti per che un'espressione appropriata e utile di una struttura profonda possa raggiungersi.

L'obiettivo della maggior parte dei processi di modellaggio è a livello di capacità. Le funzionalità collegano convinzioni e valori a comportamenti specifici. Non sapendo cosa dovrebbe fare nessuno, e anche perché farlo è fondamentalmente inefficiente. Funzionalità e competenze forniscono i collegamenti e l'influenza per rivelare la nostra identità, i nostri valori e le nostre credenze come azioni in un particolare ambiente.

Per inciso, il fatto che le procedure di modellaggio della **PNL** tendono a concentrarsi sulle capacità, non significa che considerino solo questo livello di informazione. Spesso la *Gestalt* delle credenze, i valori, il senso di sé e i comportamenti specifici sono essenziali per produrre l'abilità desiderata. La **PNL** garantisce che concentrandosi sulle capacità sviluppate, verranno prodotte le combinazioni più pratiche e utili di "struttura profonda" e "struttura di superficie".

È più importante avere presente che le capacità sono una struttura più profonda riguardo a compiti o procedure specifiche. Le procedure sono in genere una sequenza di azioni o passaggi che portano al completamento di una determinata attività. Abilità e capacità, tuttavia, sono spesso "non lineari" nella loro applicazione.

Una particolare capacità o abilità (come la capacità di pensare in modo creativo o comunicare in modo efficace) può servire come supporto per diversi tipi di compiti, situazioni e contesti. Le capacità devono essere "accessibili casualmente", poiché l'individuo deve essere in grado di ricorrere immediatamente a diverse abilità in momenti diversi in un particolare compito, situazione o contesto.

Pubblicato nel 1960 da George Miller, Eugene Galanter e Karl H. Pribram, il libro *Piani e Struttura del Comportamento* ha presentato il modello di **T.O.T.E.** (Test, Operate, Test, Exit). Invece di una sequenza lineare, le abilità sono state organizzate in una sequenza basata sul modellaggio computazionale. Secondo la **PNL**, per modellare efficacemente un'abilità o una certa prestazione – attraverso il T.O.T.E. – è necessario identificare ciascuno degli elementi chiave relativi a tale abilità o performance:

✓ Gli obiettivi dell'esecutore.

✓ La scelta dei significati utilizzati per raggiungere questi obiettivi.

✓ Prove o procedure utilizzate dall'esecutore per valutare i progressi verso gli obiettivi.

✓ L'insieme di scelte che l'esecutore utilizza per raggiungere l'obiettivo e i comportamenti specifici utilizzati per attuare tali scelte.

✓ Il modo in cui l'esecutore reagisce se l'obiettivo non viene raggiunto inizialmente

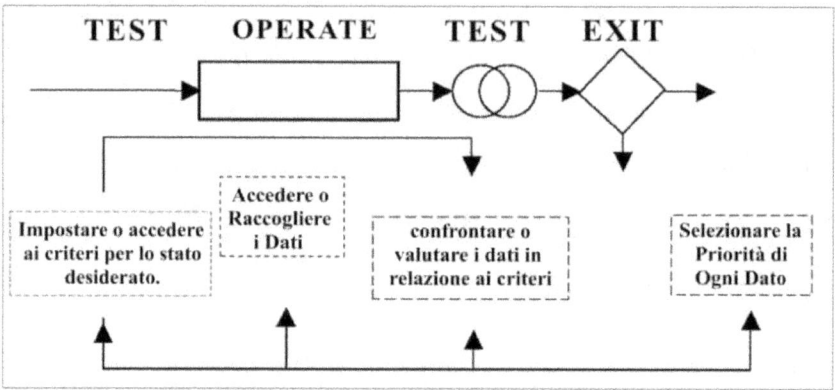

Figura 6. Illustrazione dei passi del T.O.T.E.

1) Il primo test è un suggerimento o grilletto che avvia la strategia. Stabilisce il criterio "avanti" e viene utilizzato come predefinito per il secondo test.

2) L'Operazione accede ai dati, ricordando, creando o raccogliendo le informazioni richieste dalla strategia del mondo interno o esterno.

3) Il secondo test è un confronto di alcuni aspetti dei dati accessati con i criteri stabiliti dal primo test. Le due cose confrontate devono essere rappresentate nello stesso sistema di rappresentazione.

4) L'uscita, il Punto di Decisione o il Punto di Scelta è una rappresentazione dei risultati del test. Se c'è una corrispondenza, la strategia verrà chiusa. Se c'è un'incompatibilità, la strategia viene riciclata.

5) La strategia può essere riciclata da:

✓ Modificare il risultato o reindirizzare la strategia.

✓ Adeguare criteri, blocchi laterali o riorientamento.

✓ Affina o specifica ulteriormente il risultato.

✓ Accesso a più dati.

Va ricordato che le capacità stesse sono di natura e complessità diverse. Alcune abilità e capacità sono, infatti, costituite da altre abilità e capacità. La capacità di "scrivere un libro" è costituita dall'abilità relativa al vocabolario, alla grammatica e all'ortografia della lingua in cui si sta scrivendo, nonché alla conoscenza relativa all'argomento del libro.

Sono spesso indicati come "T.O.T.S. annidati", "sub reti" o "sub abilità", perché si riferiscono ai segmenti più piccoli dai quali sono state formate le abilità più sofisticate o complesse. La capacità di "guidare", per esempio, è composta da molte sub abilità, come quelle che si riferiscono a una comunicazione efficace, all'istituzione di Rapport, alla risoluzione dei problemi, al pensiero sistemico e così via.

In questo modo, il processo di modellaggio stesso può essere diretto a diversi livelli di complessità rispetto a particolari abilità e capacità.

1) Abilità di Comportamento Semplice – Coinvolgono azioni specifiche, concrete, facilmente osservabili che avvengono entro brevi periodi di tempo (da secondi a minuti). Esempi di semplici abilità comportamentali comprendono: fare una certa mossa di ballo, entrare in uno stato speciale, mirare con un fucile, ecc.

2) Abilità Cognitive Semplici – sarebbero processi mentali specifici, facilmente identificabili e analizzabili che si verificano in un breve periodo di tempo (da secondi a minuti). Esempi di abilità cognitive semplici potrebbero essere: ricordare nomi, l'ortografia, acquisire un vocabolario semplice, creare un'immagine mentale, ecc. Questi tipi di capacità di pensiero producono risultati comportamentali facilmente osservabili che possono essere valutati e produrre un *feedback* immediato.

3) Abilità linguistiche semplici – coinvolgono il riconoscimento e l'uso di parole chiave, frasi e domande specifiche come: fare domande specifiche, riconoscere e reagire a parole chiave, rivedere o "ritornare" a frasi chiave, ecc. Come è già stato accennato, le prestazioni di queste abilità sono facilmente osservabili e valutate.

4) Abilità comportamentali complesse (o interattive) – implicano la costruzione e il coordinamento di sequenze o combinazioni di azioni comportamentali semplici. Funzionalità come fare giochi di mani (magia), apprendere un'arte marziale, giocare una mossa riuscita in un dato sport, dare una presentazione, recitare in un gioco o film, ecc., Sarebbero esempi di complesse abilità comportamentali.

5) Abilità cognitive complesse – sono quelle che richiedono una sintesi o sequenziamento di altre capacità di pensiero semplice. Creare una storia, diagnosticare un problema, risolvere un problema di algebra, comporre una canzone, pianificare un progetto di modellaggio, ecc., Sarebbe un esempio di capacità che impegnano le abilità cognitive complesse.

6) Abilità linguistiche complesse – comporterebbe l'uso interattivo del linguaggio in situazioni altamente dinamiche (spesso spontanee). Capacità tali come persuasione, negoziazione, rassegnazione verbale, uso dell'umorismo, narrazione, induzione ipnotica, ecc., Sarebbero esempi di abilità che implicano abilità linguistiche complesse.

Chiaramente, ogni livello di abilità deve includere e incorporare le abilità impiegate dai livelli precedenti. In questo modo, è in genere più difficile e complicato modellare competenze complesse rispetto a quelle semplici; ed è più facile imparare a modellare partendo da semplici comportamenti e abilità cognitive prima di passare a compiti più complessi. Tuttavia, le abilità spesso complesse possono essere "ridimensionate" in un gruppo o sequenza di abilità più semplici.

Una delle parti centrali del processo di modellaggio è la metodologia utilizzata per raccogliere informazioni, e identificare gli aspetti rilevanti della persona che viene modellata. Mentre il modo standard per raccogliere informazioni come questionari e interviste può accedere ad alcune informazioni spesso non è sufficiente per identificare le operazioni inconsce o intuitive utilizzate dall'esperto umano. Spesso assumono o eliminano informazioni importanti relative al contesto.

Oltre ai questionari e alle interviste, è spesso utile e necessario incorporare altri metodi attivi per raccogliere informazioni come scenari, simulazioni e osservazioni reali dello specialista nel contesto.

Sebbene la metodologia di modellaggio della **PNL** impiega interviste e questionari, la forma primaria del modellaggio della **PNL** viene realizzata coinvolgendo interattivamente l'individuo a essere modellato con più esempi dell'abilità o delle prestazioni studiate. Ciò fornisce informazioni di "alta qualità" e crea le migliori possibilità di "catturare" i modelli più pratici (proprio come avere un modello vivo è spesso molto più desiderabile per un artista al lavoro che una descrizione verbale).

Il modellare richiede spesso di fare una descrizione "doppia" o "tripla" del processo o del fenomeno che stiamo cercando di ricreare. La **PNL** descrive tre posizioni percettive fondamentali da cui è possibile raccogliere e interpretare le informazioni: la **prima** posizione (associata nella propria prospettiva su qualcuno), la **seconda** posizione (percependo la situazione dal punto di vista dell'altro) e la **terza** posizione (vedendo la situazione come un osservatore non coinvolto). Tutte e tre le prospettive sono essenziali per un'efficace modellaggio comportamentale.

Esiste anche una **quarta** posizione percettiva, che implica la percezione della situazione dal punto di vista dell'intero sistema, o il "campo relazionale" coinvolto nella situazione.

Poiché la **PNL** presuppone che "la mappa non è il territorio", che "ognuno fa la sua mappa individuale di una situazione" e che non esiste una singola mappa "giusta" su alcuna esperienza o evento, prendere più prospettive è una capacità di modellare in modo efficace una determinata prestazione o attività. Percepire una situazione o esperienza da più prospettive consente alla persona di acquisire approfondimenti e conoscenze più ampie riguardo all'evento.

Modellare la "**prima posizione**" implicherebbe noi stessi testare qualcosa ed esplorare il modo in cui "noi" lo facciamo. Vediamo, ascoltiamo e sentiamo dalla nostra prospettiva.

Modellare la "**seconda posizione**" implica mettersi nei panni dell'altra persona che si sta modellando, cercando di pensare e agire il più possibile come quella persona. Ciò può fornire importanti intuizioni su aspetti significativi ma inconsci dei pensieri e delle azioni della persona che viene modellata.

Il modellaggio della "**terza posizione**" implicherebbe l'allontanamento e l'osservazione, come un testimone non coinvolto, della persona che viene modellata interagendo con altre persone (compresi noi). Nella terza posizione, sospendiamo i nostri giudizi personali e percepiamo solo ciò che percepiscono i nostri sensi, come scienziati esaminando oggettivamente un particolare fenomeno attraverso un telescopio o un microscopio.

La "**Quarta posizione**" implicherebbe una sorta di sintesi intuitiva di tutte queste prospettive, al fine di ottenere un significato per l'intera "*Gestalt*". Una prestazione abile può essere descritta come una funzione di due dimensioni fondamentali: coscienza (conoscenza) e competenza (azione). È possibile conoscere o comprendere alcune attività, ma non essere in grado di farle (incompetenza consapevole).

È anche possibile essere in grado di fare bene un'attività particolare, ma non sapere come farla (competenza inconscia). La padronanza di un'abilità coinvolge sia la capacità di "fare ciò che sai" come di "sapere cosa stai facendo".

Una delle maggiori sfide degli esperti in modellaggio deriva dal fatto che molti comportamenti critici ed elementi psicologici che permettono loro di distinguersi sono fondamentalmente inconsci e intuitivi per loro. Di conseguenza, non sono in grado di fornire una descrizione diretta dei processi responsabili delle proprie capacità eccezionali.

Infatti, molti esperti evitano di proposito pensare a quello che stanno facendo e al modo in cui lo stanno facendo, temendo che ciò interferisca con le loro intuizioni. Questo è un altro motivo per cui è importante essere in grado di modellare da diverse posizioni percettive.

Uno degli obiettivi del modellaggio è estrarre e identificare le competenze inconsce delle persone e portarle alla consapevolezza per essere meglio comprese, ottimizzate e trasferite. Ad esempio, la strategia inconscia di un individuo per "sapere quali domande fare", "fornire con suggerimenti creativi" o "adattare gli aspetti non verbali dello stile di leadership di qualcuno" può essere modellata e poi trasferita come abilità o competenza cosciente.

Le competenze cognitive e comportamentali possono essere modellate sia "implicita" che "esplicitamente". Il **Modellaggio implicito** comporta il passaggio dapprima alla "seconda posizione" in relazione alla persona che viene modellata, per costruire intuizioni personali sull'esperienza soggettiva di questo individuo. Il **Modellaggio esplicito** comporta il passaggio alla "terza posizione" per descrivere la struttura esplicita di modellaggio dell'esperienza della persona, in modo che possa essere trasferita agli altri.

Il Modellaggio implicito è principalmente un processo induttivo in cui comprendiamo e percepiamo gli schemi nel mondo che ci circonda. Il Modellaggio esplicito è essenzialmente un processo deduttivo in cui descriviamo e mettiamo in pratica queste percezioni. Entrambi i processi sono necessari per il modellaggio efficace.

Senza la fase "implicita" non esiste una base intuitiva efficace dalla quale costruire un modello "esplicito". John Grinder, in quanto co-fondatore della **PNL**, ha attirato l'attenzione sul fatto che: "È impossibile descrivere la grammatica di una lingua dalla quale non abbiamo intuizione". D'altra parte, senza la fase "esplicita", le informazioni che sono state modellate non possono sviluppare tecniche o strumenti trasferiti ad altri.

Il modellaggio implicito di per sé aiuterà una persona a sviluppare competenze personali e inconsce con il comportamento desiderato (è il modo in cui i bambini imparano in genere). La creazione di una tecnica, procedura o set di abilità che può essere insegnata o trasferita ad altri oltre a noi, richiede un certo grado di modellaggio esplicito. Per esempio, una cosa è imparare a scrivere bene o sviluppare un buon servizio nel tennis; un'altra cosa è insegnare ad un'altra persona come fare ciò che hai imparato.

La **PNL**, infatti, è nata dall'unione di modelli impliciti ed espliciti. Richard Bandler ha modellato intuitivamente "implicitamente" le abilità linguistiche di Fritz Perls e Virginia Satir attraverso i video registrati e l'esperienza diretta.

Bandler è stato in grado di riprodurre molti dei risultati terapeutici di Perls e Satir, facendo domande e utilizzando il linguaggio in modo simile a quello che hanno usato loro. Grinder, che era linguista, osservò Bandler lavorando un giorno e rimase colpito dalla capacità di Bandler di influenzare gli altri con l'uso della sua lingua.

Grinder poteva vedere che Bandler stava facendo qualcosa di sistematico, ma non era in grado di definire esplicitamente cosa fosse. Bandler non era inoltre in grado di descrivere esplicitamente o spiegare esattamente cosa stava facendo e come stava facendo. Sapeva solo che aveva in qualche modo "modellato" qualcosa su Perls e Satir.

I due uomini erano affascinati e curiosi di avere una conoscenza più esplicita di queste capacità che Bandler aveva implicitamente modellato da questi terapeuti eccezionali – una conoscenza che avrebbe permesso loro di trasferire questo come una "competenza cosciente" agli altri. A questo punto Grinder fece una proposta a Bandler: "Se mi insegni a fare ciò che stai facendo, allora ti dirò cosa stai facendo".

In un certo senso, l'invito di Grinder segna l'inizio della **PNL**. Le parole di Grinder hanno incapsulato l'essenza del processo di modellaggio della **PNL**: "Se mi insegni a fare ciò che stai facendo" (se mi aiuti a sviluppare l'intuizione implicita o "competenza inconscia" che possiedi, per io anche ottenere risultati simili), "poi ti dirò cosa stai facendo" (così posso fare una descrizione esplicita dei pattern e dei processi che stiamo usando entrambi).

Nota che Grinder non dice "Se mi permetti di osservare oggettivamente e statisticamente analizzare ciò che stai facendo, allora ti dirò cosa stai facendo". Grinder disse: "Insegnami a fare quello che stai facendo". Il modellaggio nasce dalle intuizioni pratiche e strumentali che provengono dalla "guida con esperienza".

Grinder e Bandler sono stati in grado di lavorare insieme per creare il Metamodello (1975) sintetizzando (a) le loro intuizioni condivise circa le capacità verbali di Perls e Satir, (b) le osservazioni dirette (sia dirette che registrate) di Perls e Satir che funzionano e (c) l'esplicita conoscenza della linguistica di Grinder (in particolare, la grammatica trasformazionale).

Bandler e Grinder lavorarono insieme più tardi per applicare un processo simile per modellare alcuni dei modelli di linguaggio ipnotico di Milton H. Erickson; in quell'epoca Grinder ha anche partecipato al modellaggio "implicito" iniziale del comportamento di Erickson. Loro, e gli altri sviluppatori della **PNL**, hanno da allora utilizzato questo processo di modellaggio per creare numerose strategie, tecniche e procedure praticamente in ogni area della competenza umana.

Ma, comunque, perché modellare qualcosa? Alcuni secoli fa, le persone costruivano fienili e ponti in ogni modo possibile. Alcuni sono crollati, altri sono durati fino al primo forte vento o forte nevicata, mentre altri hanno resistito per secoli. Il modellaggio ci consente semplicemente di fare le cose in modo prevedibile, efficiente ed efficace.

Ad esempio, i terapisti di breve durata "orientati alla soluzione" rifocalizzano con insistenza l'attenzione del cliente, dalle situazioni problematiche per "eccezioni" o ciò che chiamiamo controesempi: occasioni e luoghi in cui il problema non esiste (o, almeno, non è così grave). Ma poiché non modellano la struttura e il processo di queste eccezioni, devono ricominciare la ricerca con ciascun cliente – e alcuni clienti sembrano non avere eccezioni, o è molto difficile trovarle.

Modellando la struttura e il processo di comportamenti o abilità eccezionali, la **PNL** sta gradualmente sviluppando una serie di *software* "standard" per insegnarli al cliente. Oltre ad essere più efficiente, questo processo può studiare un'eccezione con molte risorse in una sola persona e offrirla ad altre, che (almeno apparentemente) non hanno eccezioni.

Per esempio, dopo aver conosciuto la cura delle fobie della **PNL** e sapere come testarla per assicurarsi che la risposta fobica della persona sia una reazione molto rapida a un insieme di stimoli (e quindi adatta alla cura della fobia), non hai bisogno di capire i dettagli precisi di come la persona produce la sua fobia, qualcosa che varia tremendamente da persona a persona. Alcuni lo fanno prolungando il tempo in un'eternità o in un ciclo infinito, alcuni che rendono la minaccia enorme, altri che si rendono molto piccoli, ecc.

Il modello della **PNL** ci consente anche di esaminare altri trattamenti per le fobie in modo che possiamo capire come (o se) funzionano. Ad esempio, Jerilyn Ross tratta le fobie chiedendo alla gente di rivivere le loro fobie, e nel frattempo le mantiene nell'esperienza chiedendo: "Allora, cosa è successo?" "E poi?" "Cosa succede dopo?".

Facendolo ripetutamente, insegna loro come accelerare il processo e ottenere molto velocemente la risposta fobica. In realtà, non cura la fobia, ma insegna alle persone come attraversarle molto velocemente. Dopo il trattamento, puoi vedere che la risposta fobica è ancora lì, ma è molto veloce, quindi non ti infastidisce più di tanto.

Brian Weiss tratta le fobie usando la regressione della vita passata. Di nuovo, i suoi clienti non perdono davvero le loro fobie, ma diventano meno importanti perché imparano a sperimentare con loro in confronto a un lunghissimo arco di tempo di molte vite passate e di molte vite future. La risposta fobica, rispetto a questo ampio scenario, diventa molto meno importante.

Dopo il trattamento, i suoi clienti dicono: "Odio ancora l'acqua, ma non mi infastidisce; non fa alcuna differenza". Questo è un esempio di ciò che John McWhirter ha descritto come uno standard "prospettico". Dalla più ampia prospettiva di una lunga serie di vite, la risposta fobica sembra piccola e insignificante.

a) Come avviare il tuo progetto di modellaggio?

Non esiste un "unico" modo di modellare qualcosa. Un processo di modellaggio ha esito positivo quando si ha una descrizione (in linguaggio ingiuntivo) che consente di:

1. Acquisire l'abilità o trasformare una limitazione in qualcosa di più utile.

2. Insegna a qualcuno di ottenere gli stessi benefici.

b) Cosa modellare?

Il primo passo è definire l'abilità o la limitazione che si desidera modellare, nonché il contesto in cui si verifica. È molto importante segmentarlo a una dimensione ragionevole, in particolare quando si ha poco tempo. Anche quando c'è più tempo, è generalmente più redditizio segmentare i componenti, modellarli separatamente e quindi integrarli in un modello più grande.

C'è una differenza importante tra il modellaggio di un processo principalmente interno, come la vergogna o una sensazione negativa quando sei criticato, e i processi di interazione come la negoziazione o l'insegnamento. La negoziazione o l'insegnamento sono intrinsecamente più complessi perché bisogna affrontare almeno due mondi individuali e la loro interazione. Può essere utile segmentare fino a un particolare tipo di interazione o stadio nell'interazione, o anche nel processo/risposta di una persona in quella particolare interazione.

Un modello accurato di una piccola parte di un processo è spesso molto più utile di un modello impreciso di un processo più ampio e puoi creare un modello accurato di un processo più grande modellando piccole parti di esso e quindi integrandole . Ci sono molte possibilità per sapere come scegliere un punto di partenza. Ecco alcune delle possibilità che troviamo utili:

1. Pensa a una certa difficoltà e soluzione (per la quale non esiste ancora un modello di **PNL**). Di solito, saranno nominalizzazioni ("difficoltà", "soluzioni") e il tuo compito di modellaggio sarà quello di denominarle, trasformarle in un processo che la persona attraversa, per scoprire "Come, in particolare?" la persona fa quello.

Se modelli un'esperienza nominalizzata invece di modellare un'abilità più semplice e più specifica, di solito sarà a un livello sufficientemente generale e il tuo modello si applicherà a un'ampia varietà di persone. Tuttavia, con l'aumentare del livello di generalizzazione, aumenterà anche la complessità del processo da modellare. È possibile modellare il problema e la sua soluzione separatamente – o, in alternativa, per un confronto – e quindi modellare un processo che passerà da uno all'altro.

2.Pensa a un'abilità che tu o i tuoi clienti desiderate o di cui avete bisogno. Trova un esempio particolarmente valido di qualcuno che ha questa capacità comportamentale e modella ciò che fa in modo diverso rispetto a quando la stessa persona non è in grado di presentare l'abilità o diversamente da qualcuno che non ha quell'abilità.

Quando si sceglie un modello, sii molto attento ai rapporti personali. Ad esempio, alcune persone dicono di essere brave a motivarsi perché sono molto consapevoli del lungo processo, di un'ora, che usano per alzarsi dal letto! Altri diranno che non sono così bravi a motivarsi perché non riescono a continuare a motivarsi alla fine di un giorno molto attivo e produttivo di diciotto ore! Trova qualcuno che presenti effettivamente o che possa dimostrare l'abilità o la qualità che desideri modellare.

3.Esplora la struttura di tutto ciò che suscita la tua curiosità o ti affascina. Questo è potenzialmente molto più produttivo, ma può anche essere più complesso e le applicazioni, gli usi e i benefici spesso non sono chiari in anticipo.

4. Guarda, ascolta e incontra qualcuno che è visibilmente bravo in qualcosa o che mostra costantemente un atteggiamento piacevole o utile e lo modella. Questa può essere un'opzione particolarmente utile. Sebbene, in generale, gli atteggiamenti coerenti generalizzino ampiamente, possono essere molto semplici in termini di processo/struttura. Ad esempio, un atteggiamento appropriato può essere la conseguenza di un singolo presupposto fondamentale.

Ci sono molti atteggiamenti che il mondo potrebbe usare di più (gratitudine, valorizzazione, tenacia, amicizia, tolleranza, amore, rispetto, unione, uguaglianza) e molti altri che potrebbero usare meno (disprezzo, odio, meschinità, superiorità, inferiorità, coercizione/manipolazione, imposizione, distanza, sbalzi d'umore, ecc.). Puoi pensare alle persone della tua vita cui atteggiamenti ti piacciono o non ti piacciono, e modellarle.

5. Osservare la forma universale di una soluzione individuale: quando un cliente ti presenta una difficoltà e trovi una soluzione che funziona per lui, segmenta in su fino un senso più ampio e cerca di applicare la soluzione in altre persone. E 'stato così che Connirae ha modellato vari processi: Auto-guarigione, Trasformazione essenziale, Ristampa della Linea

Temporale Parentale, Ricodificazione Temporale, e la Alimentazione delle Persone Naturalmente Magre.

6. Modella un cambiamento utile che qualcuno ha fatto spontaneamente. Scopri le caratteristiche di prima e dopo e come è stata compiuta la transizione. In questo modo, si può vedere più volte lo standard Swish, la Risignificazione del Contenuto e il Cambiamento della Storia Personale.

7. Modella una tua abilità, commentata da altri, ma che non sai chiaramente come la fai. Chiedi a qualcuno che non ha questa capacità, e che la desidera, di raccogliere informazioni su di esso, come un progetto. Dal momento che è così naturale per te, ci saranno molti aspetti totalmente inconsci e presuntivi. Probabilmente diventeranno evidenti quando un'altra persona pone delle domande dal punto di vista di chi non è in grado di presentarle.

c) Come continuare

1. Contrasto – alcuni tipi di contrasto saranno estremamente utili per aiutarti a trovare le differenze cruciali nel funzionamento. Quando possibile, fai lo stesso, eccetto la presenza o l'assenza di ciò che stai modellando.

a) Puoi confrontare la stessa persona prima e dopo aver apportato la modifica – spontanea o deliberata.

b) Puoi paragonare due esperienze recenti nella stessa persona quando aveva, e non aveva, l'abilità o la qualità che stai modellando.

c) Puoi confrontare due persone, una che ha l'abilità e un'altra che non l'ha.

2.Scelta di un controesempio – se stai modellando uno stato problematico, ad esempio, non desideri scegliere alcun controesempio. Hai bisogno un controesempio che abbia tutte le caratteristiche descritte per lo stato problematico, tranne che la risposta della persona sia utile e affermativa. Questo ti aiuterà molto a non considerare tutti gli elementi uguali in entrambe le esperienze e che siano irrilevanti per il successo/fallimento. Tuttavia, in seguito, potrebbe essere necessario tornare indietro e identificare altri elementi di supporto necessari ma insufficienti che, poiché erano presenti in entrambi gli esperimenti, non sono stati considerati.

3.Caratterizzare l'esperienza e il suo controesempio: di solito è bene iniziare con le caratteristiche essenziali della maggiore segmentazione degli stati o delle abilità che si stanno modellando. Quali sono le differenze più evidenti tra i due? Uno di questi è principalmente interno (catatonia) e l'altro principalmente esterno? Quali sono gli indizi o i fattori scatenanti che portano la persona all'uno o all'altro? Quali, per parafrasare Bateson, sono "le differenze che fanno la differenza?" Quale sequenza totale di strategie attraversa la persona? Quindi, segmenta i passaggi verso il basso e per passi più piccoli e li caratterizzi utilizzando tutte le distinzioni e le metodologie a tua disposizione.

4.Contenuto: Conoscenze/Abilità – Le parti principali delle suddette distinzioni sono puramente differenze di processo e non includono alcun contenuto specifico. Tuttavia, la maggior parte delle abilità del mondo reale richiedono anche la conoscenza del contenuto. Un geologo deve conoscere le rocce, conoscere la chimica, la fisica, ecc. E un negoziatore forse debba conoscere la struttura aziendale, contratti, tasse di interesse, tempo per sviluppare un prodotto, ecc.

Questa conoscenza del contenuto è essenziale per il buon giudizio richiesto per fare le distinzioni del processo nel suo modellaggio. Generalmente, vengono trascurate nell'attenzione al processo e devono essere incluse come parte del loro modellaggio. Ad esempio, un editore deve conoscere le lettere dell'alfabeto, come leggere e parlare la lingua. Anche se questo ti sembra del tutto ovvio, includi nella descrizione del modellaggio le aree di contenuto richieste.

5.Pianificazione di una transizione – Dopo aver individuato le differenze tra lo stato del problema e lo stato desiderato, o tra avere o non avere un'abilità, questo mostrerà le modifiche necessarie per passare da uno stato a un altro. Come pianifichi una sequenza di modifiche per rendere la transizione fluida, efficiente ed efficace?

Ricorda che una certa serie di modifiche può essere molto difficile se eseguita in una singola sequenza, e molto semplice, se eseguita in un ordine diverso. Se ci sono delle modifiche da fare, scegli quella che sarà probabilmente più facile o più comoda da eseguire prima, e poi sperimenterai per trovare la migliore sequenza di quelle modifiche.

Il modellaggio di qualcuno che ha subìto spontaneamente una transizione di successo offrirà una sequenza efficace, ma non è alcuna garanzia che questa sia la sequenza migliore. A quel punto, dovresti avere uno schizzo di un modello su come raggiungere l'obiettivo desiderato. Alcune distinzioni sono probabilmente mancante e potrebbe non funzionare con alcuni clienti, ma almeno funzionerà in alcuni casi.

6.Test e Miglioramento del modello – Puoi migliorare il tuo modello concettualmente, ma il modo migliore per scoprire come può essere migliorato è sperimentare te stesso con gli altri. Sperimentando con il tuo modello con altri clienti, puoi scoprire altre utili funzioni.

a) **Congruenza**. Prova il tuo modello con te stesso. Quali problemi potrebbero verificarsi? Come puoi modificare il processo per eliminare questi problemi? Sono state conservate tutte le funzioni positive dello stato problematico? Ad esempio, se qualcuno si sente a proprio agio a parlare in pubblico, allucinando negativamente il pubblico, interferirà notevolmente con una presentazione in vivo, associata.

Un modo alternativo per stare tranquillo sarà molto più utile. Ci sono elementi di supporto, processi, rassegnazioni, pre-strutture, ecc. che ti siano possibili aggiungere per rendere questo processo ancora più positivo, attraente e vantaggioso per la persona?

b) Condensazione. Il processo che hai modellato dal controesempio o dal modello eccezionale può avere passaggi o aspetti ridondanti o superflui che possono interferire con l'obiettivo desiderato. C'è qualcosa che puoi mettere da parte e ottenere comunque il risultato desiderato? Forse qualcuno ripete una domanda interiore, o cambia di parere, ecc. E questo soltanto rallenta la risposta.

c) Espansione. Come puoi estendere il processo per renderlo più forte e più resistente? Scoprirai questo meglio notando esattamente dove il processo ha esito negativo con determinati clienti e cosa devi modificare per farlo funzionare. Incorporando questo nel processo si aumenta la portata delle applicazioni di successo. Ad esempio, curare le fobie non funzionerà bene con alcune persone a causa di ancoraggi posturali che impediscono la piena associazione.

Anche il disallineamento della posizione percettiva può interferire. L'aggiunta di questi elementi, sia come fase iniziale del processo, sia come continuazione "per risolvere i problemi" può rendere la cura delle fobie più efficace con una più ampia varietà di persone. A volte il processo può essere espanso modificando la sequenza di stati o rappresentazioni o modificando la velocità della sequenza (o entrambi).

7. A questo punto, può essere estremamente utile confrontare il tuo modello di un'abilità eccezionale con:

a) Uno che è solo moderatamente abile, per comprendere meglio il contributo relativo delle singole componenti di una abilità come un tutto, e per evidenziare aspetti che potrebbero interferire, o che non erano evidenti nel tuo modellaggio precedente.

b) Un'altra persona che anche è eccezionalmente abile, per imparare diversi modi di usare un particolare componente di un processo, e/o per apprendere ulteriori elementi di supporto, che il tuo primo modello non ha mai conosciuto e che puoi insegnare loro a migliorare ancora più le prestazioni.

Questo potenziale miglioramento può essere un buon stimolo da offrire a una persona estremamente competente, che la rende desiderosa di partecipare al tuo progetto di modellaggio. Quando hai successo, questo è un altro stimolo perché avrai un modello esplicito che potrai insegnare ai clienti o ai soci, di cui trarre beneficio.

c) Casi speciali. Alcuni clienti avranno bisogno di più che un piccolo aggiustamento per affrontare obiezioni, preoccupazioni, problemi o singolarità. Spesso, puoi semplicemente aggiungere un passo "standard" che controlla la congruenza ("ecologia") o risignificare o precostruire obiezioni comuni, in modo che il modello possa essere applicato con successo a una più ampia varietà di clienti senza ulteriori modifiche.

In teoria, il miglioramento può continuare indefinitamente. In genere, quando hai esperienza con 20 o 30 clienti, avrai trovato la maggior parte delle varianti esistenti. Un modo per accelerare questo processo di miglioramento è quello di incontrare un gruppo di persone e guidarle attraverso il processo in una sola volta, con linee guida esplicite per presentare tutte e qualsiasi preoccupazioni, esitazioni, obiezioni o difficoltà, in modo che puoi conoscerle e incorporare le soluzioni nel tuo modello. (Un registratore ti aiuterà a ottenere rapidamente queste informazioni e potrai rivederle in seguito).

Alcuni modelli sono puramente descrittivi e non ci dicono cosa fare. L'Analisi Transazionale (AT) era una descrizione elaborata che sostanzialmente rimodellava il io, l'ego e il superego di Freud nell'inglese contemporaneo (bambino, adulto e padre).

Tuttavia, questa descrizione non offre alcuna metodologia o tecnologia che ne consenta l'uso.

In pratica, l'AT ha preso in prestito metodi e tecniche da altre forme di psicoterapia e li ha adattati alla sua struttura descrittiva. Il "Manuale Diagnostico e Statistico dei Disturbi Mentali" (DSM) – della psichiatria ha più di 700 pagine che descrivono come le persone possono avere problemi, ma non dice nulla su cosa fare per risolverli.

Al contrario, il linguaggio ingiuntivo ci dice cosa fare per ottenere un risultato. Un ricettario è ingiuntivo, perché ogni ricetta mostra esattamente ciò che deve essere fatto per ottenere un determinato risultato. Una ricetta specifica:

1. Un obiettivo (una torta al cioccolato o un arrosto);

2. Un elenco degli ingredienti necessari (farina, zucchero, cioccolato, ecc.);

3. Un processo sequenziale per miscelare ed elaborare gli ingredienti e il modo di cucinarli per ottenere il risultato desiderato.

Più un modello è generale, più può essere applicato a un'ampia varietà di situazioni. Tuttavia, più generale, meno informazioni offrono su situazioni specifiche. La formula $E=mc^2$ si applica all'intero universo, ma non ci mostra come creare una corrispondenza o costruire una bomba.

Modelli più limitati e specifici possono fornire informazioni più dettagliate e utili. Un elemento importante di qualsiasi modello è conoscere la gamma del campo che descrive. Ad esempio, la **PNL** è un modello meraviglioso, ma non è direttamente utile per progettare il motore di un'auto o mostrare a un medico come riparare un osso rotto.

Un nuovo modello viene creato quando un campo di esperienza (ad es. "Particella") viene utilizzato per descrivere un altro (ad esempio, l'elettrone) metaforicamente, sviluppandolo attraverso test, affermazioni su come applicare e perfezionare questa metafora per la matematica, eccetera. Il salto creativo iniziale è seguito da un sacco di lavoro per sviluppare ricette e procedure dettagliate che lo rendono utile.

Una volta creato un modello, può essere applicato ad altre situazioni all'interno del campo che descrive o, in alcuni casi, applicato con successo in altri campi. In **PNL**, Richard Bandler, John Grinder e altri, hanno sviluppato una serie di modelli (e ne hanno prestati altri), mentre la maggior parte del "modellaggio" fatto da altri (compresi noi stessi) sono state, in fatti, applicazioni di questi modelli.

"Un modello è solo una metafora più o meno sofisticata per comprendere una parte del mondo." (Steve Andrea).

Naturalmente, ci sono molti altri modelli disponibili per capire il funzionamento umano, la guarigione e lo sviluppo. Alcuni, come la guarigione dei cristalli o l'equilibrio dell'aura, non condividono l'epistemologia della **PNL** - le richieste per test rigorosi, ecc. Altri, come la medicina tradizionale allopatica, condividono l'epistemologia della **PNL** (almeno teoricamente), ma la loro metodologia e il principale campo di applicazione sono molto diversi (sebbene ci siano alcune somiglianze).

In questo modo, per l'individuo che cerca il modellaggio, ciò significa che avrà accesso a:

✓ Una gamma nuova e illimitata di esperienze e abilità;

✓ Una crescente capacità di portare quelle stesse esperienze e abilità agli altri;

✓ Una migliore comprensione della struttura dietro esperienze e comportamenti indesiderati, in modo da poter sapere esattamente cosa cambiare in quelle esperienze e comportamenti;

✓ Maggiore flessibilità nelle sue esperienze e risposte.

Ti renderai presto conto che il modellaggio è un processo altamente interattivo. Ciò significa che i risultati di ciascuna attività possono modificare il suo successore. Ad esempio: immaginiamo di aver deciso esattamente cosa voglio modellare. Questo determinerà le informazioni che dovrei raccogliere dalla mia prima copia (modellata) in gran parte, e il mio apprendimento da queste informazioni significa il mio risultato. Il risultato dell'apprendimento rivisto e organizzato con il primo modello mi fornirà una nuova base di informazioni da prendere dalla mia seconda copia e così via.

Cosa costituisce un progetto di modellaggio? In generale, una metodologia o una tecnologia in via di sviluppo hanno parti molto utili che ancora non sembrano adattarsi. Ci è voluto molto tempo prima che i fisici si rendessero conto di come la luce (e l'ottica) potrebbero essere descritte come parte dello spettro di radiazioni elettromagnetiche, e stanno ancora cercando di capire in che modo la gravità e l'elettromagnetica sono correlate.

In **PNL** ci sono diversi modelli: ancoraggio, rassegnazione, sistemi rappresentazionali, strategie, sottomodalità, "parti", posizioni percettive, ecc. ed è raramente chiaro, ad esempio, esattamente quale sottomodalità forma una parte, dove una "parte" appare in una sequenza di strategie, o come la risignificazione può essere intesa come ancoraggio.

Mentre progrediamo nel perfezionare la nostra comprensione, queste relazioni diventeranno più chiare. È quindi necessario scegliere un argomento in cui si ha pieno accesso al modellaggio. E devi ricordare che il tuo scopo principale è dimostrare che stai imparando a modellare, il progetto e il mezzo principale con cui acquisirai quell'apprendimento, e quindi potrai dimostrare il tuo apprendimento.

In fatti, potresti aver già percepito che il modellaggio in somma, è un processo per analizzare un evento complesso o una serie di eventi, e dividerlo in parti abbastanza piccole, in modo che l'evento possa essere ricapitolato in qualche modo, e poi successivamente essere riprodotto nelle stesse situazioni. Lo scopo del modellaggio comportamentale è quello di creare una mappa o "modello" di questo comportamento che possa essere utilizzato per riprodurre o simulare alcuni aspetti di questa performance da chiunque sia motivato a farlo.

"Modellare e imparare a modellare sono processi altamente sistemici. Il modellaggio è un tipo di apprendimento e imparare a modellare è simile a imparare a imparare"
(Penny Tompkins).

2.6. Rapport & Ancoraggio

"Il Rapport è la capacità di entrare nel mondo di qualcuno, di farti sentire che lo capisci e di avere un forte legame in comune. È l'abilità di andare dalla tua mappa del mondo alla sua mappa del mondo. È l'essenza della comunicazione di successo." (Anthony Robbins).

Se hai letto articoli sugli inizi della **PNL**, ricorderai che la **PNL** è iniziata con lo studio di eccellenti comunicatori. Qual è la differenza che fa la differenza nel sentirsi a proprio agio e apprezzati da qualcuno, anche se non sono d'accordo con ciò che hai detto? Come ti piacciono all'istante alcune delle persone che incontri – mentre dagli altri, non puoi nemmeno fuggire abbastanza velocemente? Perché puoi parlare con alcune persone per ore e sembrare solo pochi minuti?.

La risposta a tutte queste domande è il **_Rapport_**. Uno dei fondamenti della **PNL** e il processo più importante in qualsiasi comunicazione. Quando le persone comunicano in _Rapport_, trovano facile essere capiti e credono che i loro interessi siano altamente considerati dall'altra persona.

Rapport significa ricettività a ciò che l'altro sta dicendo; non necessariamente che sei d'accordo con ciò che viene detto. E quando sei a _Rapport_, succede qualcosa di magico. Tu e gli altri sentite di essere ascoltati e sentiti a livello inconscio, c'è la sensazione confortevole di "Questa persona pensa come me, posso rilassarmi".

Il vero *Rapport* crea un'atmosfera di fiducia reciproca. Se la usi come tattica per manipolare un'altra persona nel tuo modo di pensare, a un certo livello la riconosce istintivamente e non reagirà positivamente. Tuttavia, se sei diventato un esperto nell'arte dei *Rapport* e la tua intenzione è quella di ascoltare ed essere ascoltato, di ottenere soluzioni vantaggiose per entrambe le parti o di creare amicizie autentiche, diventerai un comunicatore potente e affidabile.

Spesso, le persone sono naturalmente in *Rapport*. Avete notato che alcune coppie nei ristoranti sono in sintonia tra loro e che i loro corpi si muovono insieme mentre ballano? Presta attenzione ai bambini che giocano, osserva le interazioni delle riunioni, nota gli amici in un *pub*. Guarda e ascolta come l'effetto di due persone che si muovono insieme produce risultati positivi nella loro comunicazione. Osserva pure come la qualità dell'interazione cambia in mancanza di comunicazione quando la loro fisiologia non corrisponde e non sono sincronizzati tra loro.

"Il *Rapport* è empatia costruita consapevolmente. È stato scoperto che nella comunicazione umana profonda e vera, ogni individuo inizia a reagire inconsciamente ad ogni movimento, postura ed espressione dell'altro. Cioè, quante volte hai notato che le persone che parlavano lo stesso argomento, con gli stessi punti di vista, non andavano d'accordo? Era perché non c'era alcuna sintonizzazione inconscia, non c'era empatia. D'altra parte, quando è presente, le persone assumono posizioni corporee simili, le tonalità, i volumi e le velocità al parlare e le voci anche sono simili e possono facilmente capirsi l'un l'altro" (Walther Hermann).

Il *Rapporto* è considerato la componente più importante della Programmazione NeuroLinguistica. Puoi essere tecnicamente competente come Trainer, Speaker, Coach o *Practitioner* in **PNL**; tuttavia, se non riesci a stabilire un rapporto efficace e positivo con le persone con cui ti rapporti, sarà difficile trasmettere fiducia e rispetto. La **PNL** senza affinità è come una barca a vela senza vento. Potresti avere la barca, ma è improbabile che raggiunga la tua destinazione.

Conosci la sensazione di essere immediatamente attratto da qualcuno che avevi appena incontrato? È bello e crea un'atmosfera di empatia, come se la conoscessi da molto tempo. La sensazione è enigmatica. L'attrazione assomiglia ad un forte magnete che ti avvicina alla persona. Senza sapere perché, diventi curioso e vuoi capire quella persona a un livello più profondo. Questa attrazione naturale è potente quando si verifica a livello dell'inconscio. Quando due persone fanno questa connessione istantanea iniziale e hanno una intenzione comune, è come una "tempesta perfetta" e possono trasformarsi rapidamente in una relazione profonda e significativa.

D'altra parte, conosci anche le persone che ti causano un certo disagio semplicemente stando vicino. Questa sensazione sgradevole è quasi immediata, sembra che i magneti della stessa polarità si separino. Quando trovi questo tipo di persona, vuoi andare via in fretta o almeno evitarlo in qualche modo. Tuttavia, nella vita e nel mondo degli affari, a volte hai bisogno di comunicare con tutti i tipi di persone, indipendentemente da come ti senti riguardo a loro. Quindi cosa fai quando la persona che ti respinge è qualcuno con cui devi relazionarti bene?

Costruire una relazione tra persone diverse e in ogni situazione può dare fiducia e rispetto. Se ciò non avviene "naturalmente", potrebbe essere necessario costruire sistematicamente il *Rapport*. Il *Rapport* avviene creando similitudini a livello inconscio. Ciò significa che stai cercando delle somiglianze nei tuoi bisogni, comportamenti, affari o qualità personali che possono essere utilizzate per mostrare la "connessione" tra di voi. Evidenti tentativi di costruire *Rapport* possono essere visti come imitazione, insincerità o condiscendenza. Questo – a sua volta – può rompere la relazione e creare un'atmosfera di sfiducia. È quindi necessario utilizzare un processo di costruzione di *Rapport* in cui l'altra persona non sia a conoscenza del fatto che si sta "provando" a fare quella connessione.

Diamo un'occhiata a un esempio di come ottenere *Rapport* veloce ed efficiente. Puoi applicare queste tecniche per ottenere una relazione istantanea, creare fiducia, risolvere conflitti e influenzare gli altri per apprezzare il tuo punto di vista.

1° In primo luogo, trova una persona da praticare.

2° Non fargli sapere cosa stai facendo. Sii ecologico - il significato è connettere, fare amicizia, migliorare le relazioni e comunicare in modo più autentico e congruo. Se la tua intenzione non è ecologica, e stai pensando di usare le abilità di *Rapport* per "passare una mano su gli occhi di qualcuno", sicuramente, a un certo punto, percepirà inconsciamente le tue intenzioni e questo può rapidamente danneggiare la tua relazione. Oh, e se stai russando – basta. Ritrova la tua calma, ricorda la tua intenzione e ricomincia da capo.

3° La prima cosa che vuoi fare è osservare la "persona intera". Non guardarla. Usa la vista "periferica". Diventa consapevole di tutto il suo corpo. Prestare attenzione alla postura generale, l'allineamento della colonna vertebrale, il posizionamento del piede, i movimenti delle mani, l'inclinazione della testa, il modello di respirazione, il tono della voce e le parole.

4° Inizia combinando, specchiando e "seguendo" la sua postura corporale maggiore. Se è seduta – ti siedi; in piedi – ti alzi. Quindi combina la parte inferiore del suo corpo; e non necessariamente esattamente. Ad esempio, se le gambe incrociano il ginocchio, incrociare la stessa gamba alle caviglie. Il ritardo ideale è da due a quattro secondi. Meno di due secondi e probabilmente ti noteranno; aspetta molto tempo e c'è poco o nessun effetto.

5° Quindi, combina la parte centrale del corpo, le braccia e le mani nello stesso modo. Sii sottile – fai piccoli movimenti e aspetta da due a quattro secondi – altrimenti possono rilevarti. Pratica la pausa per due o quattro secondi e usa "piccolissimi movimenti muscolari".

6° Ora combina o rispecchia le espressioni facciali, i movimenti degli occhi e il tono della voce. Presta molta attenzione alle parole che ripete e sottolinea. Quando la conversazione si interrompe, usa le sue parole per chiedere "cosa" e "come". Questo scoprirà ciò che è importante per lei.

7° Continua a combinare e rispecchiare, guidando e dirigendo in modo sottile, fino a quando senti che la relazione reciproca sta aumentando.

Quando le persone sono come gli altri, tendono a piacersi l'un l'altro. Il processo di relazione della **PNL** crea la sensazione che i partecipanti si piacciano tra di loro. Il *Rapport* è un processo di risposta, non necessariamente di "piacersi". Il *Rapport* è stabilito dal ritmo e dalla guida. I seguenti sono i principali elementi della relazione:

1. Fisiologia (55%)
   1.1. Posizione
   1.2. Gesto
   1.3. Espressione facciale e facciale
   1.4. Respiro
2. Tonalità (38%)

   2.1 Voce
   2.2 Tono (tono)
   2.3 Tempo (velocità)
   2.4 Timbre (qualità)
   2.5 Volume (volume)
3. Parole (7%)

   3.1. Predicati
   3.2. Parole chiave
   3.3. Esperienze e associazioni comuni
   3.4. Pezzi di contenuto

Puoi anche combinare una parte del corpo con un'altra (ad esempio, respirare con il tocco delle dita). Questo è chiamato "Specchiamento Crociato" e può essere altamente nascosto.

Nella **PNL**, **"ancoraggio"** si riferisce al processo di associare le reazioni interne a qualche innesco esterno o interno perché così possiamo accedere facilmente a quella reazione di nuovo. L'ancoraggio è un processo che sulla superficie è simile alla tecnica del "condizionamento" usata da Pavlov per creare un collegamento tra l'ascolto di un cicalino e l'acquolina in bocca.

Associando il cicalino con l'atto di dare da mangiare ai suoi cani, Pavlov scoprì che alla fine poteva solo suonare il campanello che cominciarono a salivare, anche se non veniva offerto cibo. Nella formula stimolo-reazione dei comportamentisti, tuttavia, lo stimolo è sempre un suggerimento ambientale e la reazione è sempre un'azione comportamentale specifica. L'associazione è considerata riflessiva e non è una questione di scelta.

Questo tipo di condizione associativa è stato ampliato per includere collegamenti tra altri aspetti dell'esperienza al di là dei segnali puramente ambientali e reazioni comportamentali. Un'immagine ricordata può diventare un'ancora per una particolare sensazione interiore, per esempio.

Un tocco sulla gamba può diventare un'ancora per una fantasia visiva o addirittura una credenza. Un tono di voce può diventare ancoraggio per uno stato di esaltazione o di fiducia. Una persona può decidere consapevolmente di stabilire e ridistribuire queste associazioni a se stesso. L'ancoraggio può essere uno strumento molto utile per aiutare a stabilire e riattivare i processi mentali associati alla creatività, all'apprendimento, alla concentrazione e ad altre risorse importanti.

È significativo che la metafora "ancora" sia usata nella terminologia della **PNL**. L'ancora di una nave o di una barca è legata da membri dell'equipaggio ad un punto stabile, in modo da trattenere la nave in una certa area e impedirgli di navigare da sola.

L'implicazione di ciò è che il suggerimento che funge da "ancora" psicologica non è solo uno stimolo meccanico che "causa" una risposta, ma è anche un punto di riferimento che aiuta a stabilizzare uno stato particolare. Per estendere completamente l'analogia, la nave può essere considerata come il centro della nostra coscienza nell'oceano delle esperienze. Le ancore fungono da punti di riferimento che ci aiutano a scoprire un posto particolare in questo mare di esperienze, a mantenere la nostra attenzione e a impedirne il "galleggiamento".

Il processo per stabilire un'ancora implica fondamentalmente l'associazione simultanea di due esperimenti. Nei modelli del condizionamento comportamentista, le associazioni si affermano più fortemente attraverso la ripetizione. La ripetizione può essere utilizzata anche per rafforzare le ancore.

Ad esempio, puoi chiedere a qualcuno di rivivere attivamente un'occasione quando è stato molto creativo e toccargli la spalla mentre lui pensa all'esperienza. Se lo ripeti una volta o due, il tocco sulla spalla inizierà a connettersi allo stato creativo. Alla fine un tocco sulla spalla farà ricordare automaticamente alla persona lo stato creativo.

Un buon modo per iniziare a comprendere gli usi dell'ancoraggio è considerare come ciò possa essere applicato nel contesto dell'insegnamento e dell'apprendimento. Il processo di ancoraggio, ad esempio, è un mezzo efficace per consolidare e trasferire esperienze di apprendimento. Nella sua forma più semplice, "ancorare" implica l'instaurazione di un'associazione tra una suggestione esterna o uno stimolo e un'esperienza interiore, come l'esempio di Pavlov che suona il campanello per i suoi cani.

Gran parte dell'apprendimento si riferisce al condizionamento e il condizionamento si riferisce al tipo di stimolo collegato alla reazione. Un'ancora è uno stimolo che viene associato a un'esperienza di apprendimento. Se è possibile ancorare qualcosa nell'ambiente della classe, è possibile portare l'ancora nell'ambiente di lavoro, in minimo, come una memoria associativa di ciò che è stato appreso.

Ad esempio, hanno fatto un sondaggio con gli studenti in classe. Hanno fatto che gli studenti imparassero una sorta di lezione in una certa classe. Quindi hanno diviso la classe a metà e hanno collocato uno dei gruppi in un'altra stanza. Così poi hanno testato gli studenti: quelli che erano nella stessa stanza in cui avevano appreso il soggetto, facevano meglio gli esami rispetto agli studenti trasferiti nell'altra stanza. Si presume che ciò si sia verificato perché ci sono stati segnali ambientali associati al materiale che hanno appreso.

Tutti noi siamo stati probabilmente in una situazione in cui volevamo ricordare qualcosa, ma siccome eravamo in un ambiente diverso, in cui tutti gli stimoli sono molto diversi, è più facile non ricordare. Sviluppando la capacità di usare certi tipi di ancore, insegnanti e discepoli possono rendere più facile il generalizzare l'apprendimento. Ci sarà certamente una grande possibilità di che l'apprendimento sia trasferito, se possiamo anche trasferire determinati stimoli.

C'è un altro aspetto dell'ancoraggio legato al fatto che i cani di Pavlov dovevano essere in un certo stato perché la campana significasse qualcosa. I cani dovevano essere affamati, e lì Pavlov poteva ancorare lo stimolo alla reazione. Allo stesso modo, c'è una domanda riguardo lo stato in cui sono i discepoli per stabilire un'ancora con efficacia.

Ad esempio, una trasparenza è una mappa, ma è anche uno stimolo. Cioè, fornisce informazioni, ma può anche essere un grilletto per un'esperienza di riferimento. Un insegnante efficace deve sapere quando trasmettere o no un messaggio. Se le persone hanno un'improvvisa intuizione – un "Aha!" – e accendi il proiettore per lucidi, verrà ricevuto in modo diverso e associato in un modo diverso, rispetto a quando le persone stanno facendo uno sforzo per capire un concetto.

Il tempismo (*timing*) può essere molto importante. È importante che l'insegnante scelga il momento per la presentazione dei soggetti in relazione allo stato dei suoi discepoli. Se l'insegnante ha un pacchetto cognitivo da presentare, come una parola chiave o una mappa visiva, deve aspettare il momento in cui il "ferro è caldo".

Quando l'insegnante comprende che c'è una disposizione, un picco o sincerità nel gruppo, è in questo momento che deve introdurre il concetto o mostrare le parole chiave. Poiché il punto di ancoraggio non è solo quello in cui l'insegnante sta dando informazioni, è anche quando fornisce uno stimolo collegato alle esperienze di riferimento dei discepoli. Questo è il motivo per cui gli stimoli che sono simbolici sono spesso ancora più efficaci.

I tipi di domande a cui un insegnante deve sapere come rispondere sono: "Quando introdurre questa idea?" e "Quanto desidero che le persone provino questo o reagiscano ad esso?" Ad esempio, se l'insegnante sta facilitando una discussione, può sorgere un problema, profondamente legato a credenze e valori e sentito molto fortemente, specialmente da alcune persone. A questo punto, se il presentatore rilascia informazioni, diventa connesso a questo grado di interesse o coinvolgimento.

Il punto è che l'ancoraggio non è semplicemente un problema meccanico di presentare mappe cognitive e dare esempi. C'è anche la domanda sullo stato di impegno o interesse dei discepoli. A volte l'insegnante vorrà lasciare che la discussione continui, non solo perché le persone stanno facendo connessioni logiche ma anche perché il livello di energia del gruppo si sta intensificando e tu vuoi catturare questo momento. Altre volte, se l'energia del gruppo è bassa, l'insegnante potrebbe non voler ancorare questo stato a determinati argomenti o esperienze di riferimento.

Le persone possono volere utilizzare ancore per accedere nuovamente agli stati delle risorse in se stessi e in altre persone. È possibile che un insegnante, ad esempio, utilizzi una manovra automatica per raggiungere lo stato che desidera avere come leader del gruppo. Una auto-ancora può essere un'immagine interiore di qualcosa che, quando ci si pensa, porta automaticamente a questo stato. Puoi anche fare un auto-ancora attraverso degli esempi, come parlare dei figli di qualcuno o di un'esperienza che ha associazioni molto intense.

I suggerimenti che sono ancore possono aiutare a trasferire l'apprendimento in altri contesti. Il "suggerimento" usato come ancoraggio può essere verbale, non verbale o simbolico (una persona può persino diventare un'ancora). Oggetti e suggerimenti comuni che provengano da casa o dall'ambiente di lavoro di una persona possono generare ancore efficaci.

Una delle abilità dell'insegnamento o dell'apprendimento efficace è quella di essere in grado di **"imprimere"** qualcosa raccogliendo quei momenti in cui l'informazione sarà associata a stati interiori positivi o potenti. Pavlov scoprì che aveva due modi per creare associazioni. Uno era attraverso la ripetizione, l'associazione continua tra uno stimolo e una reazione. L'altro era collegare un intenso stato interiore a uno stimolo particolare. Le persone, per esempio, richiamano dettagli di esperienze altamente emotive senza alcuna ripetizione. L'associazione è fatta all'istante.

Questi sono due aspetti importanti relativi alla creazione di ancore. Uno è il rinforzo continuo dell'ancora. Pavlov scoprì che se avesse iniziato a suonare il campanello e non avesse dato il cibo, alla fine la reazione alla campana si sarebbe placata o si sarebbe estinta. Perché un'ancora possa durare a lungo, deve essere rinforzata in qualche modo. Questa è una questione importante riguardo l'autoapprendimento continuo. L'altro aspetto ha che fare con la ricchezza e l'intensità dell'esperienza che qualcuno sta cercando di ancorare.

Una strategia utile è fare un'ancora. Quando la madre incinta si trova in uno stato che desidera mantenere durante il processo di nascita, può fare un'ancora interiore, come simbolo. Qualcuno potrebbe chiederle: "Cosa simboleggerà questo stato?" Diciamo che immagina una conchiglia: un guscio di lumaca che ha una grande apertura nella parte inferiore.

La coppia può persino comprare una di queste conchiglie. Quindi durante tutte le sessioni di pratica, la donna incinta potrebbe concentrare gli occhi sul guscio. Il guscio può essere portato all'ospedale ed essere un grilletto continuo per aiutare a diffondere lo stato desiderato al vero processo di nascita.

Un modo è attraverso comportamenti particolari, come uno speciale contatto visivo o espressioni facciali, che potrebbero essere riutilizzati in seguito per attivare questo stato. Un altro modo è usare qualcosa di esterno come risorsa per attirare l'attenzione del gruppo – come puntare a una lavagna a fogli mobili o ricorrere alla trasparenza.

Spesso un'ancora si stabilisce meglio se prima associamo la suggestione all'esperienza, poi attraversiamo un ciclo in cui l'esperienza viene continuamente perfezionata e l'ancora ripetuta. Il ciclo di "stesura" dell'ancora è un modo più efficace di rafforzare l'apprendimento e le associazioni.

Una volta che l'iscrizione iniziale è stata fatta, il comunicatore o l'insegnante potrebbe voler "creare" un numero di connessioni, stimolando e ancorando associazioni come: "Come si applica al lavoro?" "Come si relaziona con la tua famiglia?" "Come si relaziona con un amico o con una situazione attuale?" Questo non è semplicemente un rinforzo ripetitivo, è un miglioramento e un'elaborazione dello spazio dell'esperienza che qualcuno sta cercando di ancorare a qualcosa.

Quanto più un'ancora può essere elaborata o suscitata rispetto a un particolare concetto o un'esperienza di riferimento, tanto più forte tende ad essere questa ancora. Ad esempio, spesso la musica influisce sulla persona, a causa di ciò che gli stava accadendo quando ha ascoltato per la prima volta quella particolare canzone. Stava accadendo qualcosa di importante o qualcosa di significativo nella sua vita e la canzone ha coinciso con il suonare alla radio. Questa è l'essenza della "nostalgia".

Qualcuno può fare un'ancora ripetendo esempi specifici, storie o battute. Pensa a un gruppo di amici. Quando ripeti la storia di un'esperienza che hai vissuto con loro, ricrei gli stessi sentimenti che provavi quando eri insieme prima.

La parola "ancoraggio" è già un'ancora. Durante la nostra discussione, ad esempio, abbiamo collegato una serie di esperienze di riferimento diverse al termine "ancora". "Ancoraggio" è il termine che teniamo presente per elaborare la ricchezza del suo significato.

Le **ancore naturali** si riferiscono al fatto che non tutti gli stimoli sono ugualmente efficaci come ancore. Formiamo associazioni con alcuni suggerimenti più facilmente che con altri. Chiaramente, la capacità di associare segnali ambientali per scegliere risposte appropriate è vitale per la sopravvivenza degli animali. Di conseguenza, diverse specie animali hanno sviluppato una maggiore sensibilità ad alcuni tipi di stimoli rispetto ad altri.

I topi, ad esempio, a cui erano stati dati due contenitori di acqua potabile, uno con acqua innocua e l'altro con acqua viziata, impararono molto rapidamente a distinguere l'una dall'altra, perché la viziata era di un altro colore. Ci sarebbe voluto molto più tempo per imparare a distinguere tra le due acque se fossero state semplicemente collocate in contenitori di dimensioni diverse.

Il colore è un ancoraggio associativo più "naturale" per i topi che la forma. Allo stesso modo, Pavlov ha scoperto che i suoi cani potevano essere condizionati a salivare molto più rapidamente e facilmente usando il suono come stimolo condizionante che se usassero spunti visivi come il colore e la forma come stimoli.

Le ancore naturali sono probabilmente correlate alle capacità neurologiche di base. Le parole, per esempio, sono in grado di formare potenti ancore per gli umani, ma non per altre specie. Altri mammiferi (a fatto che possano sentire) reagiscono più al tono della voce che alle parole specifiche usate.

Si presume che ciò accada perché manca l'apparato neurale capace di riconoscere le distinzioni verbali nello stesso grado di dettaglio degli esseri umani. Anche negli umani, gli organi di senso e le parti del corpo hanno abilità distinte. L'avambraccio di una persona, per esempio, ha meno terminazioni nervose tattili rispetto al palmo della mano. Quindi una persona è in grado di fare distinzioni più sottili con le sue dita e le sue mani che con le sue braccia.

Essere consapevoli delle "**ancore naturali**" è importante per selezionare i tipi di stimoli da utilizzare per l'ancoraggio. Diversi tipi di media possono essere usati per facilitare alcuni tipi di associazioni. Come le persone, gli individui possono avere certe tendenze naturali verso certi tipi di ancore a causa delle loro capacità di rappresentazione naturali o apprese.

Una persona visivamente orientata sarà più sensibile ai segnali visivi; la persona orientata cinesteticamente può fare associazioni più facilmente con suggerimenti tattili; le persone che sono orientate all'udito saranno sensibili ai suoni sottili e così via. Gli odori spesso formano potenti ancore per le persone. In parte questo è perché il senso dell'olfatto è collegato direttamente alle aree del cervello associate.

A volte le ancore più potenti per le persone sono quelle in cui lo stimolo è fuori dalla coscienza. Queste sono le cosiddette **"ancore nascoste"**. Il potere degli ancoraggi nascosti deriva dal fatto che ignorano il filtro e l'interferenza della coscienza.

Questo può essere utile se la persona (o il gruppo) sta lottando per fare un cambiamento, perché la sua mente cosciente interferisce. Ciò rende anche le ancore nascoste una potente forma di influenza. Le **ancore nascoste** sono spesso stabilite in funzione del sistema rappresentativo meno consapevole dell'individuo. Una persona altamente visiva, per esempio, potrebbe non notare sottili cambiamenti nel tono della voce. La voce quindi può diventare una ricca fonte di indizi inconsci per questa persona.

L'ancoraggio a volte è considerato un processo puramente meccanico, ma è importante tenere presente che non siamo robot. Certamente un tocco sulla spalla o sul braccio può essere uno stimolo da cui si forma un'ancora, ma allo stesso tempo non può essere interpretato come un "metamessaggio" sul contesto e sulla relazione. Molti suggerimenti non sono semplicemente grilletti per le reazioni, ma messaggi simbolici

Come regola generale, ad esempio, se si utilizzano ancore cinestesiche, è meglio stabilire ancore per stati negativi vicino alla periferia del corpo (es. Ginocchia, avambracci). Le ancore agli stati positivi raggiungono un'intensità maggiore se sono più stabilite nel centro del corpo della persona.

Le "buone condizioni di formulazione" per l'ancoraggio riassumono gli elementi essenziali necessari per stabilire un'ancora efficace. Questi elementi sono essenzialmente legati alle importanti caratteristiche dello stimolo e della reazione che si sta tentando di unire in una coppia, la relazione tra lo stimolo e la reazione, e il contesto che li coinvolge.

1) Intensità e "chiarezza" della reazione – L'intensità ha che fare con quanto è stato raggiunto uno stato particolare o una reazione. Anche ai tempi di Aristotele si osservava che quanto più vivida e intensa fosse una reazione particolare, tanto più facilmente veniva ricordata, e più rapidamente essa veniva associata a un altro stimolo.

Per Pavlov era più facile "condizionare" i cani affamati a salivare, per esempio, che i cani sazi. Se una persona accede a una piccola parte dello stato o all'esperienza che stai ancorando, allora l'ancora può essere associata solo a questa particolare parte. Di conseguenza, "intensità" semplicemente non ha nulla a che fare con il grado di emozione provocato nella persona. Una persona può trovarsi in uno stato molto dissociato, in cui non ha alcuna reazione emotiva.

La "chiarezza" della reazione deve vedere se la reazione o l'esperienza che stai cercando di ancorare è stata "contaminata" o no da altri pensieri, sensazioni o reazioni irrilevanti o conflittuali. Si può sperimentare che lo stato sia ancorato molto intensamente, ma può anche confonderlo con altri stati ed esperienze.

Un altro modo per esprimere questa condizione è che tornerai esattamente a ciò che è stato ancorato. Come si dice nella lingua dei programmatori di computer "entra spazzatura, esce spazzatura". Se tocchi qualcuno per ancorarti con un tocco diventi sospettoso, allora questa sfiducia diventa parte dello stato che è ancorato. Se chiedi a una persona di pensare a qualcosa di positivo, ma questa persona sta ricordando una memoria dissociata dall'evento, e giudicando se hai scelto o no l'evento giusto, allora sarai ancorata alla dissociazione e al giudizio.

2) Singolarità dello stimolo usato come "àncora" – La condizione di "unicità dello stimolo" si riferisce al fatto che facciamo sempre associazioni tra le suggestioni del mondo che ci circonda, e i nostri stati e le nostre reazioni interne. Alcuni stimoli sono così comuni che fanno ancoraggi inefficaci, fondamentalmente perché sono già stati associati a molti altri contesti e reazioni.

Stringere le mani o toccare la spalla di una persona è uno stimolo molto meno singolare di un tocco sul mignolo. Lo stimolo singolare rende le ancore migliori e più durature. È importante notare che "unicità" non è lo stesso che "intensità". Uno stimolo più intenso non è necessariamente un'ancora più efficace. Uno stimolo più intenso può essere singolare, ma sottile e persino inconscio (come odori e sensazioni sottili che scatenano reazioni allergiche), e poiché è unico, l'ancora è più potente.

3) Tempi della coppia stimolo e reazione – La relazione nel tempo tra stimolo e reazione è una delle condizioni essenziali di un'associazione efficace. Secondo le "leggi" basiche dell'associazione, quando due esperienze si verificano insieme un numero sufficiente di volte, le due esperienze diventano associate l'una con l'altra. Gli studi sul condizionamento classico hanno dimostrato che questa associazione si verifica semplicemente nel tempo; cioè, lo stimolo (cicalino) deve precedere la reazione (salivare quando si mangia il cibo).

Sembra anche esserci un intervallo molto favorevole durante il quale vari tipi di associazioni sono fatti più facilmente. Per riflessi rapidi come un battito di ciglia, questo intervallo è di circa mezzo secondo; intervalli più lunghi o più brevi sono meno efficaci. Per reazioni più lente, come la salivazione, l'intervallo è più lungo, più o meno due secondi. La tempistica nelle associazioni di apprendimento verbale è molto meno critica rispetto al condizionamento classico. Le coppie verbali vengono insegnate con uguale facilità se sono presentate simultaneamente o separatamente per vari secondi.

In **PNL**, il periodo di ancoraggio ideale è determinato in relazione al picco dell'intensità di reazione o allo stato che qualcuno sta ancorando. Viene generalmente insegnato che lo stimolo deve essere iniziato quando la reazione da ancorare ha raggiunto circa i due terzi del suo valore massimo. Se è possibile, lo stimolo di ancoraggio dovrebbe essere mantenuto fino a dopo aver stabilizzato lo stato o ha iniziato a diminuire. In questo modo, l'associazione viene creata tra lo stimolo e la cresta della reazione. Per fare ciò, la reazione deve essere "calibrata", perché così le caratteristiche comportamentali della reazione sono conosciute prima di tentare di ancorare.

4) Contesto che coinvolge l'esperienza dell'ancoraggio – Il contesto è un'influenza importante sull'ancoraggio ed è spesso ignorato. Il contesto o l'ambiente che coinvolge un'interazione contiene molti suggerimenti che possono influire sul processo di ancoraggio. Sebbene non siano l'obiettivo principale di attenzione, i segnali ambientali possono diventare ancore.

In quella che viene chiamata "associazione di contesto", l'ambiente può iniziare a sollecitare la reazione condizionata a uno stimolo specifico. (l'associazione di contesto è la base per le "ancore spaziali".).

È interessante notare, a questo proposito, che Pavlov, prima di tutto, ha scoperto per caso la nozione di riflessi condizionati come risultato del condizionamento contestuale. Per la sua ricerca sulla digestione, Pavlov aveva bisogno di raccogliere la saliva dagli animali in laboratorio. Stimola il flusso della saliva mettendo la carne macinata nella bocca dei cani; poi notò che il cane stava cominciando a sbavare alla vista del ricercatore, aspettandosi di ricevere la carne macinata.

In alcuni casi, lo stimolo contestuale può combinarsi con il principale stimolo di ancoraggio, rendendo l'ambiente una parte globale dell'esperienza di ancoraggio. Per questo motivo, molte ancore sono "dipendenti dal contesto". Cioè, lavorano più efficacemente nel contesto in cui sono state inizialmente stabilite.

L'ancoraggio può anche essere usato come strategia per memorizzare un'attività. Ad esempio, se ti sei dimenticato varie volte di restituire un libro a un collega, è così che puoi usare l'ancora. Nel momento in cui pensi "Ah, in ogni caso, devo restituire questo libro a Bernardo domani", puoi spesso fare il gesto di aprire la tua porta senza dover prendere la maniglia della porta.

A questo gesto, associ il nome di Bernardo e la copertina del libro. Ripeti l'operazione mentalmente tre o quattro volte. In questo modo, quando aprirai la porta per andartene, il giorno dopo, penserai automaticamente a Bernardo e al libro. Il meccanismo utilizzato è la connessione tra la cosa in cui si dovrebbe pensare (il libro) e l'inevitabile stimolo (qui, l'apertura della porta per uscire di casa).

Nei primi giorni dell'automobile, due inventori crearono un'auto che funzionava a vapore. Era efficiente ed economico. Gli appassionati di auto d'epoca ricordano ancora lo Stanley Steamer con un sentimento più che nostalgico. I fratelli gemelli Stanley lavorarono a lungo, con molta fretta, aiutati dai meccanici. Non hanno mai prodotto più di 650 auto all'anno e non hanno mai superato i loro concorrenti. Come hanno fallito? Hanno fallito perché non potevano trasmettere le loro conoscenze agli altri; non hanno usato le loro precedenti esperienze o idee creative di altri per arricchire le proprie idee; e non ha accettato i nuovi principi della produzione di massa.

Fino a quando ogni auto è stata testata personalmente da uno dei fratelli, non è stata venduta. Se qualche problema tecnico si presentava in uno dei loro prodotti e un cliente si lamentava di una parte difettosa, i gemelli lo trattavano come se fosse un affronto personale e nel loro orgoglio restituivano immediatamente il denaro all'acquirente, rifiutando, dei dettagli. "Restituiscigli i soldi", dissero, "non vogliamo che sia gestito da nessuno del tuo tipo!"

E il problema era "sepolto". Così, Stanley Steamer fu "sepolto", cioè buttato giù per il cesso. L'azienda andò in bancarotta. Non c'era niente di sbagliato nel loro talento per l'ingegneria. Ciò che li ha portati a questo è stato il loro atteggiamento nei confronti del feedback, cioè il feedback delle informazioni sul loro prodotto. Trovare soluzioni e riprogrammare il futuro è molto più che usare un processo scientifico e logico.

La flessibilità e il coraggio di lasciar andare gli ideali e le abitudini obsolete possono salvarci d'una enorme usura emotiva in futuro. Affrontare le nostre esperienze come importanti forme di risorse e di ricchezza è la via della saggezza.

La paura e l'intolleranza verso il futuro sconosciuto, sono spesso riflessioni dei sentimenti negativi che abbiamo avuto dalle nostre passate esperienze negative, proiettate nel nostro futuro. E ogni volta che ricordiamo queste esperienze (etichettate da noi stessi come Negative), recuperiamo i cattivi sentimenti che abbiamo avuto nell'esperienza originale e qualcos'altro che aggiungiamo sia con esagerazione, sia con la successiva aggiunta di credenze affrettate o giudizi, o da una spietata autocritica (all'interno dello stesso processo di distorsione: "Ogni storia si aggiunge un punto").

Le sensazioni negative sono così amplificate nel presente e con queste sensazioni negative costantemente sensibilizzate e sempre più amplificate la nostra mente proietta, immaginando un futuro distorto con le stesse possibilità e quindi con le stesse sensazioni negative o peggiori. Con questo circolo vizioso "logico" è più che naturale che molte persone sentano paura o angoscia per il loro futuro sconosciuto. L'atteggiamento risultante è lo stesso o vicino a quello dei fratelli Stanley. O una totale negazione dell'esperienza, una grande usura emotiva o entrambi.

Vediamo ora come fanno quelle persone eficenti e di successo con le loro esperienze di vita. La strategia è molto semplice, cosi come è semplice la propria Perfezione. Per prima cosa sedetevi comodamente, respirate profondamente alcune volte e rilasciate l'aria rilassando i muscoli, quindi pensate alle risposte delle domande seguenti:

1) **Identifica lo stato problematico** – "Pensa o ricorda un momento , o un'esperienza, in cui le cose non sono accadute nel modo in cui volevi che accadessero".

2) **Accesso allo stato problematico e ancoraggio #1** – "Se pensi ora a quell'esperienza, come ti senti?" o "Cosa succede quando ci pensi?" Quando raggiungi quella sensazione negativa,

chiudi saldamente il tuo pugno sinistro per alcuni secondi e allentalo. In questo modo sarai "ancorato" a quel sentimento negativo nel tuo polso sinistro (ancora #1), cioè, creerai un circuito di stimolo-risposta tra il tuo polso sinistro e la sensazione negativa. L'ancora è qualsiasi stimolo sensoriale (visivo, uditivo o cinestetico) che innesca uno specifico insieme di sensazioni o emozioni. (Esempio, certa musica può suscitare piacevoli emozioni ancorate fin dalla prima volta che l'abbiamo ascoltata, un odore o un profumo caratteristico può suscitare emozioni o nostalgia).

3) Identificazione delle risorse desiderate – Rilassati per un po 'e pensa a come ti piacerebbe esserti sentito, cioè, che migliori sentimenti ti piacerebbe avere sentito nel momento in cui è accaduto. "Come mi piacerebbe aver vissuto quell'esperienza?" "Quale stato delle risorse (coraggio, senso dell'umorismo, calma, ecc.) Ti avrebbe fornito un'esperienza più soddisfacente e utile in quella situazione?" "Più calmo? Più sicuro? Con più presenza di spirito? Più determinato? Ecc." In altre parole, con la tua saggezza e la tranquillità di oggi, riguardo a quello che è successo a te, su cosa ti piacerebbe avere agito e sentito in modo diverso, come avresti potuto avere sentimenti migliori o più soddisfacente in quella esperienza? Sapendo ora come ti piacerebbe avere sentito in quel momento, puoi mettere queste risorse desiderate in una breve lista scritta, se vuoi.

4) L'accesso allo stato di risorse statali e l'ancora #2 –
Pensa ora, dove hai sperimentato e sentita intensamente questa
caratteristica, questa sensazione (di sicurezza o la tranquillità o
qualsiasi funzione desiderata da te) prima? Possono bene anche
essere risorse e saggezza che hai ottenuto dopo questa esperienza
problematica. Torna mentalmente a questo momento positivo,
ricordando tutti i dettagli, i suoni e soprattutto le sensazioni che
hai provato in questa piacevole esperienza. Nel momento in cui si
comincia ad avvertire dentro di te quel sentimento desiderato,
intensificala e "ancorala" chiudendo adesso, con fermezza, il tuo
polso destro per alcuni secondi (ancora #2), e allentarlo poi
subito. Se hai un'altra funzione che desideri, ripeti l'ultima
procedura per ricordare un'altra esperienza passata nella tua vita
in cui sai che ti sei sentito in quel modo desiderato.

Ricordati di questa esperienza, torna mentalmente lì dentro,
nel ricordo della tua risorsa desiderata, rivivila con dettagli, con
immagini chiare e colorate, in tutti i suoni e ricorda la sensazione
che hai avuto in quel momento. E quando inizi a sentire quelle
sensazioni, le vuoi ancorare di nuovo nel tuo polso destro (ancora
#2) allo stesso modo; poi, quando senti la sensazione, chiudi
saldamente il pugno destro per qualche secondo e poi allentalo.

Quindi, con tutte le altre risorse desiderate, cioè, per
ricordare, ad esempio, diverse esperienze passate in cui ti sei
sentito con sentimenti di calma e tranquillità, e "ancorandole" ad

ogni ricordo che fai. Con questo, genererai in te stesso una "pila di ancore positive". Assicurati di essere "ancorato" al picco di queste sensazioni desiderate, non all'inizio o alla fine.

5) Integrazione – Ora prendi questa funzione (spara l'ancora #2, chiudendo il pugno destro) e rianima la situazione problematica (spara l'ancora #1, chiudendo il pugno sinistro) tenendo entrambi i pugni chiusi. Scopri cosa succede a quell'esperienza fastidiosa, rivivila di nuovo, ma ora con quelle funzionalità desiderate a tua disposizione, come se stessi usando queste risorse a tua disposizione. Prova cosa succede quando rivivi la vecchia esperienza in un altro modo. Come ti senti utilizzando le risorse desiderate? Nota quali cose diverse hai fatto ora con queste caratteristiche, come ti sei comportato ora, in modo diverso, cosa ti ha generato una sensazione migliore?

6) Test di integrazione – Rilassa le mani e rilassati un po '; ora spara "l'ancora #1" (chiudendo il pugno sinistro) o chiedi sul ricordo di quell'esperienza problematica e osserva la tua reazione, le tue sensazioni. Se questa reazione corrisponde ancora allo stato del problema e non allo stato di integrazione (cioè alle sensazioni dello stato delle risorse), torna indietro e ripeti il passo (4), quindi ripeti il passo (5).

7) Ponte al futuro – Ora immagina una circostanza nel prossimo futuro, nei prossimi giorni o mesi, in cui una situazione simile a questa potrebbe ripetersi; vedi di comportarti con queste caratteristiche desiderate (spara "l'ancora #2", chiudendo il polso destro se necessario). Osservando ciò che stai immaginando, fai una valutazione se stai come vuoi, o ti manca qualche altra funzionalità. Passa questa situazione futura finché non ti soddisfa e ti soddisfa e le tue sensazioni siano congruenti con quello che vuoi. In altre parole, pensa alla prossima volta che affronterai una situazione simile a quella del futuro, e comprendi e senti cosa può accadere usando queste risorse. Osserva se le tue risorse e i comportamenti o gli atteggiamenti desiderati sono presenti in questa situazione futura, e come ti stai comportando e sentendo?

Se vuoi conferire, puoi immaginare un'altra situazione familiare o simile alla vecchia situazione problematica del tuo passato che si verifica nel prossimo futuro; vedere e sentire cosa può accadere e se ciò che può accadere è giusto per te. Quello che ti stai fornendo in questo ultimo passo è la ratifica del nuovo programma che vuoi che accada, quando qualcosa di simile a quello della tua esperienza passata si ripresenti. La tua esperienza simile nel tuo futuro innescherà questa nuova sequenza di comportamenti e risorse per portarti quella sensazione che desideri per te stesso.

Questa è la principale differenza tra quelle persone che si lamentano solo degli eventi e/o autocritiche virulentemente, ma senza raggiungere alcun risultato utile, da quelle rare persone speciali che imparano molto più velocemente attraverso le loro esperienze e conseguentemente raggiungono i risultati desiderati e gli obiettivi con molta più facilità.

E c'è un altro vantaggio, più impariamo dinamicamente, consapevolmente, attraverso le nostre esperienze, comprendiamo sempre più che le nostre esperienze di vita non sono altro che preziose opportunità per l'auto-crescita e la conoscenza di sé, e che il nostro passato è un immenso tesoro che prima era nascosto dalla nostra comprensione, dietro false etichette imposte da noi stessi o da terzi.

Pertanto, è il nostro libero arbitrio rimpicciolire e patire i ricordi "problematici e negativi", e quindi soffrire in previsione di future proiezioni di questi problemi, o fare come fanno i grandi personaggi, quando si chiedono, in questi momenti critici, "Cosa ho imparato o quali vantaggi o risorse potrei ottenere con questa situazione?"

Questa saggezza ha una struttura, cioè ha una sequenza strategica di passi da raggiungere in modo efficace e facile. Sottolineiamo con congruenza, ancora una volta, che il processo di apprendimento dinamico, come descritto sopra, è indipendente dal contenuto della situazione. Alcuni potrebbero trovare difficile eseguire questi passi. Ma sappi che tutto ciò che fai per la prima volta è qualcosa del genere. E so anche che tutti i tuoi obiettivi in cui ti sentivi più motivato a realizzare, devi imparerai a fare il primo passo goffamente, e poi il secondo è già migliore rispetto al primo, e... Improvvisamente ti sei trovato a fare quello che volevi "spontaneamente".

2.7. Riflesso & Combinazione

Specchiare è "**copiare**" fisicamente il comportamento di un'altra persona, come se i suoi movimenti si riflettessero verso lei. Questo è fatto rispettosamente e sottilmente. A livello inconscio, la persona con cui comunichi in questo modo si sente riconosciuta e apprezza il tuo interesse per questo. Stai seguendo l'esperienza della persona, e anche se non percepisce il tuo rispecchiamento, avrà comunque un effetto profondo.

Il rispecchiamento fatto con integrità e rispetto crea sentimenti e reazioni positive in te e negli altri. In caso opposto, lo specchiare diventa beffardo e ha conseguenze negative. Quindi, man mano che apprendi le ulteriori abilità di *Rapport* che seguono, ricorda che il potente effetto che crei deve basarsi su valori e principi nobili.

Una differenza fondamentale tra **Combinare** e **Specchiare** è legata al tempo. Mentre specchiare è simultaneo con le mosse dell'altra persona, la combinazione può talvolta avere un fattore di "ritardo temporale". Ad esempio, se qualcuno sta gesticolando mentre parla e stabilisce una discussione, puoi stare tranquillo mentre fai attenzione. Quando è il tuo turno di parlare, puoi esprimere i tuoi commenti e la tua posizione usando gli stessi gesti o simili. Esistono anche altri tipi di combinazione:

1) Uguaglianza crociata – è scegliere di abbinare uno dei comportamenti a una partita, ma di un tipo diverso. Ad esempio, se la persona sta lampeggiando troppo leggermente, puoi fare un'uguaglianza crociata facendo piccoli tocchi con il dito con discrezione alla stessa velocità con cui lampeggia; o stare al passo con qualcuno che parla con le piccole inclinazioni della testa o il respiro.

2) Differenziare – è anche un'abilità utile da padroneggiare a fondo. Hai avuto qualcuno che parlava senza sosta mentre parlava con te... E ti sei chiesto se avrebbe smesso di parlare? Puoi rompere il contatto visivo, ruotare il tuo corpo in un angolo con lei, respirare più leggero o più lento in contrasto con il suo respiro... In sintesi, fare qualcosa per rompere il *Rapport* per differenziazione. Sarai sorpreso di quanto rapidamente e facilmente la conversazione finisca.

Quando parli con familiari o colleghi di lavoro, trova un comportamento o movimento specifico su cui concentrarti e abbinarli. Puoi selezionare un comportamento al giorno da praticare fino a quando non puoi formare l'intero repertorio delle abilità di *Rapport*:

a) Usa i movimenti della tua mano per seguire il respiro dell'altro.

b) Muovi i piedi per seguire i movimenti della testa dell'altra persona.

c) Inclina le spalle quando l'altra persona inclina la testa.

d) Alza il dito quando l'altra persona alza il sopracciglio.

Quindi, come possiamo migliorare consapevolmente la nostra capacità di *Rapport*? Possiamo iniziare imparando il processo chiamato "rispecchiamento" – che viene utilizzato per riprodurre il comportamento dell'altra persona. I comportamenti che puoi rispecchiare includono:

✓ Postura del corpo

✓ Gesti delle mani

✓ Espressioni facciali

✓ Spostamento del peso

✓ Respirazione

✓ Movimento dei piedi

✓ Movimento degli occhi

Il specchiare fisicamente "copia" i comportamenti dell'altro in modo sottile. Cerca di rispecchiare solo un aspetto del comportamento dell'altro mentre parli con lei – forse la sua postura. Quando ciò diventa facile, includi gentilmente un altro, come i gesti della sua mano. Aggiungi gradualmente un altro e un altro finché non vi specchiate senza pensarci. Più pratichi, più diventa facile. Come ricompensa, la stessa reazione positiva e confortevole che hai creato per l'altra persona sarà percepita da te stesso.

Più ti eserciti, più diventi consapevole dei diversi ritmi, gesti, schemi respiratori che tu e altri avete. È affascinante entrare nella "mappa del mondo" dell'altro rispecchiando il suo comportamento. In questo modo puoi imparare molto di più.

Assicurati di essere sottile nel rispecchiamento quando stabilisci il *Rapport*. Se l'altra persona sta facendo gesti grandi e impetuosi, puoi scegliere di fare mosse uguali ma più piccole e meno ovvie. L'inizio può sembrare imbarazzante. Ma il valore dell'apprendimento per ottenere e mantenere il *Rapport* vale sempre il tempo e lo sforzo necessario per diventare uno specialista in questo settore della comunicazione.

E potresti essere sorpreso di scoprire che la tua "intuizione" diventerà più intensa quando diventerai consapevole dei comportamenti e azioni che prima non avevi percepito. Il rispecchiamento è qualcosa che facciamo automaticamente quando siamo intorno alle persone con le quali ci sentiamo a nostro agio. Imparare a specchiarsi di proposito per ottenere i *Rapport* ci consente di migliorare la nostra comunicazione con gli altri e di avere il sostegno di tutti coloro che incontriamo che ci aiutano a raggiungere i nostri obiettivi e compiti.

2.8. Metamodelli & Risignificazione

"Imparare il metamodello è essenzialmente imparare come ascoltare e identificare i modelli linguistici delle persone. Il metamodello è probabilmente una delle cose più importanti da imparare per un comunicatore professionale, in quanto è un modo di raccogliere, da persone con le quali si lavora informazioni di alta qualità, non importa in quale campo". (Richard Bandler).

Il metamodello è stato creato dalla **PNL** da diversi principi di grammatica trasformazionale e da osservazioni e modelli di persone che hanno eseguito l'eccellenza con la pratica clinica. Bandler e Grinder hanno osservato, tra gli altri, a Frits Pearls, Milton Erickson e Virginia Satir. Da queste informazioni il metamodello può essere codificato in schemi di comunicazione efficaci in modo che vengano rilevati i guasti. Con questa tecnica possiamo rendere la nostra comunicazione più incisiva e con questo raggiungere più facilmente il nostro obiettivo.

Quando nasciamo e piangiamo, ciò che le nostre madri fanno è interpretare il nostro pianto. Potrebbe essere di fame, dolore o addirittura per chiedere un giro. La nostra esistenza accade quando possiamo esprimerci con le parole. Per formarci noi stessi come esseri, abbiamo bisogno del legame, e il nostro legame sociale avviene attraverso la parola. È attraverso la comunicazione che stabiliamo il rapporto con l'altro, e in questo contesto compaiono le nostre più grandi gioie o le nostre peggiori sofferenze, comè descritto da Freud nel suo testo Malaise in Civilization (Vol. XXI: 1927-1931):

"La sofferenza ci minaccia da tre direzioni: dal nostro stesso corpo, condannato alla decadenza e alla dissoluzione, e che non può nemmeno dispensare sofferenza e ansia come segnali di allarme; del mondo esterno, che può ribellarsi contro di noi con forze di distruzione travolgenti e senza pietà; e, infine, dalle nostre relazioni con altri uomini. La sofferenza che proviene da quest'ultima fonte può essere più dolorosa per noi di qualsiasi altra. Tendiamo a considerarla come una sorta di aggiunta gratuita, anche se non può essere meno inutilmente inevitabile rispetto alla sofferenza da altre fonti".

La forma della relazione con l'altro prende in considerazione diversi fattori e vari contesti. Dipende dalla nostra cultura e da come siamo cresciuti. Ogni persona ha un modello proprio di comunicazione e interpretazione della realtà. Creiamo conflitti e differenze e ci avviciniamo l'uno a l'altro per similarità. Conoscendo il modello dell'altro, comunicare questo approccio diventa più facile. E come affrettare questa scoperta? Cosa dovremmo notare nel discorso dell'altro per ottenere le informazioni che desideriamo?

Il metamodello mira a minimizzare questo tempo, fornendo a ciascuno di noi un modo efficace per identificare se ci sono omissioni, distorsioni o generalizzazioni nel discorso dell'altro.

Ogni modello offre una domanda, una sfida per poter entrare nel cuore del discorso di un altro. Cerchiamo l'interpretazione, la rappresentazione della realtà dell'altro e soprattutto l'informazione nascosta di cui abbiamo bisogno. Il metamodello è diviso in:

1) Generalizzazione – Prendiamo un'esperienza di riferimento e generalizziamo per tutte le altre. Questo fallimento può portare l'essere umano a creare regole per se stesso e per gli altri, e può spesso creare la convinzione che tutte le esperienze successive possano essere buone o cattive. La generalizzazione avviene quando un'esperienza diventa la base per tutte le altre, rendendo impossibile per le persone trovare eccezioni e nuove scoperte per se stessi e per gli altri. Ecco un esempio molto usato:

1.1 Quantificatore universale – Esempio: non piaccio a nessuno. Domanda: nessuno? C'è qualcuno intorno a te che tu gli piacia? Nemmeno tua madre? In questo esempio dovresti cercare l'eccezione per l'evento. Altri esempi di quantificatori universali sono: Mai, sempre, tutti, tutto.

2) Omissione – Sono omessi elementi nel discorso dell'altro e anche nel nostro. Spesso un elemento che può arricchire una relazione è lasciato fuori dalla struttura verbale della superficie. Prestiamo attenzione ad alcuni dettagli della nostra esperienza e lasciamo da parte gli altri. Questo standard si riduce dai nostri filtri mentali, riduce le nostre esperienze alla nostra capacità di assimilazione. Vedi gli esempi di modelli di omissione:

2.1 Omissione semplice - Esempio: sono confuso. Domanda: Confuso su cosa specificamente? In questo esempio, con questa domanda, recupereremo l'elemento mancante nello stato del problema.

3) Distorsione - Capacità di apportare modifiche in un'esperienza. Quando usiamo questo processo stiamo giudicando il comportamento e assumendo eventi che danno il significato che intendiamo da noi, non dal nostro interlocutore. Con le distorsioni affermiamo conoscere l'esperienza interiore dell'altro e dare lo stesso significato a due diverse esperienze. Vedi gli esempi di modelli di distorsione:

3.1 Equivalenza complessa - Esempio: a scuola vai male... Hai un problema di apprendimento. Domanda: se sbagli a scuola significa che hai un problema di apprendimento? Con questo esempio, studieremo la relazione tra le due affermazioni.

In **Risignificazione**, da una serie di domande su qualsiasi affermazione, i contenuti presenteranno altri significati. Queste affermazioni sono caricate con i "modelli del mondo" di ciascuna persona (emozioni, contesto, storia di vita, ecc.). Ad esempio, quando un capo lascia il lavoro più difficile sempre allo stesso dipendente, questo prosegue con il seguente pensiero: "Il mio capo mi odia, dopotutto, mi dà il lavoro più duro".

Con la **PNL,** la persona stessa (o il terapeuta) fa una serie di domande su questa affermazione fino a quando non viene percepito un altro significato per l'atteggiamento del capo. "Potrei arrivare alla conclusione che sto ottenendo il lavoro più difficile perché il capo mi considera la persona più competente per il compito", dice.

La risignificazione è il metodo utilizzato in NeuroLinguistica per indurre le persone ad assegnare un nuovo significato agli eventi modificando la loro visione del mondo. La Programmazione NeuroLinguistica utilizza una varietà di tecniche per far percepire il mondo alla gente in un modo più piacevole, redditizio ed efficiente.

Il significato di ogni evento dipende dal filtro con cui lo vediamo. Quando cambiamo il filtro, cambiamo il significato dell'evento, e questo è chiamato risignificazione, cioè modifica il filtro mediante il quale una persona percepisce gli eventi per cambiare il significato di quell'evento. Quando il significato cambia, anche le risposte e i comportamenti della persona cambiano.

La risignificazione è presente in molte favole, come quella del brutto anatroccolo o quella di Rudolf (Renna di Babbo Natale che ha il naso rosso). La risignificazione è un elemento chiave nel processo creativo, vale a dire la capacità di situare l'evento comune in un filtro utile o in grado di fornire piacere.

Nella teoria generale della comunicazione, un segnale ha significato solo in termini dei filtri o contesto in cui si manifesta. Attraverso la risignificazione, possiamo imparare a pensare in modo diverso alle cose, vedere nuovi punti di vista o prendere in considerazione altri fattori.

Abbiamo tutti un modello di linguaggio che ci consente di interagire con il mondo. La lingua qui significa tutto ciò che usiamo per rappresentare la nostra esperienza: immagini, suoni, parole, sentimenti, sensi. Non c'è modo di pensare a qualcosa senza usare almeno uno degli elementi sopra. Ad esempio, se prendiamo la parola "popcorn", vedremo che ci porta l'immagine che facciamo di uno o più popcorn, forse il ricordo del sapore e persino il suono del masticare.

Tuttavia, il linguaggio non è esperienza, ma una rappresentazione dell'esperienza, proprio come una mappa non è il territorio che rappresenta. Quindi, sperimenteremo sempre solo la mappa, non il territorio. Ciò significa che non reagiamo alle cose stesse, ma alle rappresentazioni che ne facciamo.

Un esempio potrebbero essere due persone rifiutate per un lavoro in un'azienda. Il primo rappresentava il fatto a causa della sua incapacità, della sua mancanza di esperienza e della sua inadeguatezza alla posizione. Il secondo rappresentava lo stesso fatto di qualcosa di comune, e potrebbe anche aver scoperto che non era stata scelta perché era stata superqualificata per la posizione. Nessuno di loro conosce il vero motivo per cui è stato rifiutato, ma ognuno di loro ha rappresentato il rifiuto a modo suo, secondo la loro "mappa", che è il prodotto di esperienze passate, emozioni e apprendimenti.

Quindi, se non è possibile cambiare i fatti, la **PNL** ci insegna come cambiare l'esperienza soggettiva, la rappresentazione della gente, del mondo e di se stessi. Questo è possibile attraverso il **Metamodello del Linguaggio**, che ricollegherà il linguaggio all'esperienza, cercherà il messaggio nascosto, le convinzioni che esistono dietro parole e frasi.

Le informazioni soppresse possono essere recuperate con domande del tipo "Hai paura di cosa?" "Sei sempre spaventato?" "In alcune di quelle occasioni non hai avuto paura?" "Quindi credi che se non avessi paura, non verrai rifiutato?" e così via. Nella misura in cui viene messa in discussione, la mappa dell'altra persona viene modificata, che è obbligata a completarla, a riempire le sue lacune, ad aggiornarla. Di conseguenza, avrà un altro tipo di rappresentazione, che a sua volta porterà ad un diverso risultato comportamentale.

Il Metamodello obiettivo comprende una serie di strumenti con cui costruire una comunicazione migliore. Chiede: "cosa, come e chi" in risposta alla comunicazione dell'emittente. Quando si utilizza il Metamodello è necessario essere attenti alle rappresentazioni interne stesse. Quindi, se qualcuno ci dice: "I miei bambini mi infastidiscono", non è possibile formare un quadro completo della situazione. È necessario chiedere "come": "Quanto specificamente i tuoi figli ti infastidiscono?" D'altra parte, se assumiamo che conosciamo il significato preciso di "fastidio", basato solo sulla nostra esperienza, allora incorporeremo effettivamente quella persona nel nostro modello del mondo, sulla nostra mappa, dimenticando la sua mappa.

Un altro grande vantaggio della **PNL** è la metacognizione (pensare al pensiero), che è diventato un grande differenziale nella capacità di apprendere. I dipendenti imparano a imparare più rapida e facilmente e trasmettono le conoscenze in modo più semplice e diretto, rendendo i processi interni molto più sicuri, efficienti e organizzati, fornendo risultati molto più soddisfacenti per l'ambiente aziendale.

La mente e la vita sono un processo sistemico. Lo stato emotivo che il dipendente sperimenta al suo interno influenzerà direttamente il reddito in azienda e il rapporto con i clienti interni ed esterni. La Programmazione NeuroLinguistica è soprattutto un modello perche le persone possano funzionare perfettamente, usando, sviluppando e modellando le migliori risorse per ottenere grandi risultati, sia in ambito aziendale, familiare, relazioni con altre persone o qualsiasi area della vita.

Sull'autore

Marcus Deminco (Salvador-BA. 28/Set/76). Scrittore e psicologo brasiliano. Doctor Honoris Causa in Disturbo da deficit dell'attenzione con iperattività (ADHD) Practitioner e Tutore in Programmazione NeuroLinguistica (**PNL**); autore di articoli scientifici nel portale degli psicologi. (Il più grande sito su Psicologia del Portogallo) Titolare di diverse frasi, testi e pensieri condivisi su siti web e social network, e il testo diffuso,

Perché leggere Paulo Coelho? - testo molto elogiato dallo stesso scrittore Paulo Coelho tra i suoi lettori. Marcus Deminco è anche l'autore dei libri:

1. EU & MEU AMIGO DDA – Autobiografia de um Portador do Distúrbio do Déficit de Atenção.

2. O Segredo de Clarice Lispector. (Portuguese Edition)

3. The Secret of Clarice Lispector (English Edition)

4. El Secreto de Clarice Lispector (Spanish Edition)

5. VERTYGO – O Suicídio de Lukas (Portuguese Edition)

6. VERTYGO – The Suicide of Lukas. (English Edition)

7. Helen Palmer – Uma Sombra de Clarice Lispector (Portuguese Edition)

8. Helen Palmer — A Shadow of Clarice Lispector (English Edition)

9. Transtorno Bipolar — Aspectos Gerais (Portuguese Edition)

10. Bipolar Disorder — General Aspects (English Edition)

11. Programação Neurolinguística – Começando pelo começo (Portuguese Edition)

12. Neuro-Linguistic Programming — Beginning by the Beginning (English Edition)

13. Mensagens para Postar, Curtir & Compartilhar. Vol. 1

14. Mensagens para Postar, Curtir & Compartilhar. Vol. 2

15. Mensagens para Postar, Curtir & Compartilhar. Vol. 3

16. Coleção de textos em E-Cards. Vol. 1

17. Coleção de Textos em E-Cards. Vol. 2

Premi & Riconoscimenti

a) Autore del testo Estafeta Sem Rumo del Premio Cecílio Barros Perssoa de Anto-logia – Academia Cabista de Letras, Artes e Ciências de Arraial do Cabo – RJ.

b) Doctor Honoris Causa in ADHD dell'Associazione brasiliana di Medicina psicosomatica in riconoscimento del contributo scientifico e della rilevanza sociale del libro: I & My Friend DDA - Autobiografia di un malato di disturbo da deficit di attenzione.

c) Uno dei vincitori del Premio: Além da Terra, Além do Céu de poesia contempo-rânea - Editora Chiado (Portogallo).

Parla con Marcus Deminco

E-mail: marcusdeminco@gmail.com
Website: http://marcusdeminco.com/
Blog: http://marcusdeminco.blogspot.com.br/
Twitter: https://twitter.com/marcusdeminco
Facebook: https://www.facebook.com/marcus.deminco
Pinterest: https://www.pinterest.com/marcusdeminco/
Instagram: @marcusdeminco
Youtube: https://www.youtube.com/channel/UCRu8yfSoLewjuX6GO6o7Nmw
G+: https://plus.google.com/u/0/114858320913983491464
Tumblr: http://deminco.tumblr.com/
Flickr: https://www.flickr.com/photos/143729713@N06/with/28004881736/
GoodReads: https://www.goodreads.com/author/show/7792932.Marcus_Deminco/
Pensador: https://pensador.uol.com.br/autor/marcus_deminco/

CREDITI

- Formatto , Diseño e Conversione per e-book -
Carolina Mello Teixeira
carolina_mteixeira@yahoo.com.br

- Diseño Copertina -
Erick Cerqueira (Marketing & Design)
http://esc3d.com.br

- Traduzione al Italiano -
Serena Cuoghi Ranzolin
cuoghi.serena@gmail.com

Bibliografia

ANDREAS, Steve. **Modelando com PNL**. Disponível em: < www.golfinho.com.br >. Acesso em: 12 Fev. 2019.

ANDREAS, Steve; FAULKNER, Charles.**PNL: a nova tecnologia do sucesso**. Rio de Janeiro: Elsevier, 1995.

BANDLER, Richard e GRINDER, John. **Sapos em Príncipes: programação Neurolinguística**. São Paulo: Summus, 1982.

BANDLER, Richard. **Hora de mudar**. Rio de Janeiro: Rocco, 2003.

BANDLER, Richard. **Usando sua mente: as coisas que você não sabe que não sabe: programação NeuroLinguistica**. São Paulo: Summus, 1987.

BANDLER, Richard; GRINDER, John. **A estrutura da magia: um livro sobre linguagem e terapia**. Rio de janeiro: LTC, 1977.

BANDLER, Richard; GRINDER, John. **Atravessando: passagens em psicoterapia**. São Paulo: Summus, 1984.

BANDLER, Richard; GRINDER, John. **Resignificando: programação NeuroLinguistica e a transformação do significado**. São Paulo: Summus, 1986.

BANDLER, Richard; LA VALLE, John. **Engenharia da persuasão**. Rio de Janeiro: Rocco, 1999.

BIDOT, Nelly & MORAT, Bernard. **Neurolinguística - Prática para o dia-a-dia**. São Paulo: Nobel, 1997.

CAMERON-BANDLER, Leslie Gordon; DAVID LEBEAU, Michael. **O Método EMPRINT: um guia para reproduzir a competência**. São Paulo: Summus,1992.

CARVALHO, João Nicolau. **Mudanças com Metáforas na Educação**. Disponível em: < www.golfinho.com.br >. Acesso em: 13 Fev. 2019.

CAYROL, Alain & BARRÈRE, Patrick. **GUIA DE PNL: Novas técnicas para o desenvolvimento pessoal e profissional**. São Paulo: Record, 1986.

CHUNG, Dr. Tom. **Magia da mente em ação**. São Paulo: Double Tree, 1991.

CHUNG, Dr. Tom. **Qualidade começa em mim – Manual Neurolinguistico de liderança e comunicação**.São Paulo: Novo Seculo, 2002.

CONNOLLY, Reg. **Sistemas representacionais: predicados.** Disponível em: < www.golfinho.com.br >. Acesso em: 12 Fev. 2019.

CUDICIO, Catherine. **PNL e Comunicação - A dimensão da criatividade.** Rio de Janeiro: Record, 1996.

CURY, Gilberto Craidy. **PNL Como Ferramenta Na Comunicação.** Disponível em: < http://www.PNL.com.br>. Acesso em: 15 Fev. 2019.

DAVIS, Arline. **Pressupostos da PNL – do pensamento à ação.** Disponível em: < http://site.suamente.com.br >. Acesso em: 11 Fev. 2019.

DILTS, Robert B. **A estratégia da genialidade - Vol. I.** São Paulo: Summus,1998.

DILTS, Robert. **A Estrutura da Magia.** São Paulo: LTC, 1998.

DILTS, Robert. **Ancoragem.** Disponível em: < www.golfinho.com.br >. Acesso em: 12 Fev. 2019.

DILTS, Robert. **Crenças: caminhos para a saúde e o bem-estar.** São Paulo: Summus, 1993.

DILTS, Robert. **Enfrentando a Audiência - Recursos de Programação Neurolinguísticas para Apresentações.** São Paulo: Summus,1997.

DILTS, Robert. **Modelagem.** Disponível em: < http://site.suamente.com.br >. Acesso em: 16 Fev. 2019.

DILTS, Robert; HALLBOM, Tim; SMITH, Suzi. **Crenças.** São Paulo: Summus,1993.

ELLERTON, Roger. **Modelo de Comunicação da PNL.** Disponível em: < www.golfinho.com.br >. Acesso em: 11 Fev. 2019.

EPELMAN, Deborah. **Mude sua Vida com PNL.** São Paulo: Premius, 2001.

FLETCHER, Robert. **Metáfora para cura acelerada.** Anchor Point, 1993.

FRANCESCHI, Omar. **Mente maleável.** Disponível em: < http://www.estudodamente.com/PNL.htm >. Acesso em: 12 Fev. 2019.

GONZÁLEZ, Luis Jorge. **PNL – Sucesso e êxito pessoal – introdução à Programação Neurolinguística.** São Paulo: Paulus, 2002.

GUILHERMINO, Clô. **É tempo de mudança: programação neurolinguística.** São Paulo: Gaia, 1996.

HERMANN, Walther. **Programação Neurolinguística: O Mapa da Mente**. Disponível em: < http://www.estudodamente.com/**PNL**.htm >. Acesso em: 14 Fev. 2019.

KNIGHT, Sue. **Introdução à Neurolinguística**. São Paulo: Nobel, 2001.

LONGIN, Pierre. **Aprenda a liderar com a Programação Neurolinguística**. Rio de Janeiro: Qualitymark, 1996.

MAZZILLI, J.C. **Manual de Programação Neurolinguística**. São Paulo: Edição do Autor, 1996.

MAZZILLI, J.C. **Repensando Sócrates – Padrões Cognitivos do Pensamento Socrático Modelados pelo Método da Programação Neurolinguística**. São Paulo: ICONE, 1997.

MCDERMOTT, Ian. **Modelando a Excelência**. Disponível em: < www.golfinho.com.br >. Acesso em: 12 Fev. 2019.

MCDERMOTT, Ian; O'CONNOR, Joseph. **PNL e Saúde - Recursos da Programação Neurolinguística para uma vida saudável**. São Paulo: Summus, 1997.

NATE, Susan. **Pistas visuais de acesso: um estudo sobre armazenamento e recuperação de informações**. Anchor Point - volume 18 no. 4. Disponível em: < http://site.suamente.com.br >. Acesso em: 11 Fev. 2019.

O'CONNOR, Joseph. **Manual de programaçao NeuroLinguistica:PNL: um guia prático para alcançar os resultados que você quer**.Rio de Janeiro:Qualitymark, 2003.

O'CONNOR, Joseph; LAGES, Andrea. **Coaching com PNL**. Rio de Janeiro: Qualitymark, 2004.

O'CONNOR, Joseph; SEYMOUR, John. **Treinando com a PNL**. São Paulo:Summus, 1996.

O'CONNOR. J.; SEYMOUR. J. **Introdução à Programação Neurolinguística: como entender e influenciar as pessoas**. São Paulo: Summus, 1995.

PENTEADO, Nelly Beatriz M. P. **O Meta Modelo de Linguagem**. Disponível em: < www.descubra**PNL**.com.br >. Acesso em: 12 Fev. 2019.

READY, Romilla; BURTON, Kate. **Programação Neurolinguística Para Leigos**. Rio de Janeiro: Alta Books, 2009.

ROBBINS, Anthony. **Desperte o Gigante Interior**. São Paulo: Record, 1993.

ROBBINS, Anthony. **Poder sem limites: o caminho do sucesso pessoal pela programação neurolinguística.** Rio de Janeiro: BestSeller, 2007.

RODRIGUES, Sonia. **O que você diz a seu filho? - Programação Neurolinguística para pais e educadores.** São Paulo: Espa, 1999.

SANTOS, Neuza. **Crenças.** Disponível em: < http://www.universodamente.com.br >. Acesso em: 10 Fev. 2019.

TOMPKINS, Penny e LAWLEY, James. **Eu vejo, ouço e sinto o que você quis dizer:sistemas representacionais.** Disponível em: < www.golfinho.com.br >. Acesso em: 10 Fev. 2019.

TOMPKINS, Penny e LAWLEY, James. **Rapport – O Ingrediente Mágico.** Disponível em: < www.golfinho.com.br >. Acesso em: 15 Fev. 2019.

VIEIRA, Dra. Deodete Packer. **Modelagem de Excelência.** Blumenau: Eko,1996.

WOLF, Mauro. **Teorias da Comunicação.** Lisboa: Editorial Presença, 1995.

ZAMBON, Rodrigo. **Âncoras e Estratégias.** Disponível em: < www.descubraPNL.com.br >. Acesso em: 12 Fev. 2019.

ZAMBON, Rodrigo. **Mudando comportamentos usando a PNL.** Disponível em: < www.descubraPNL.com.br >. Acesso em: 16 Fev. 2019.

ZANINI, Frei Ovídio. **Programação mental: higiene mental profunda.** Curitiba: Vicentina, 2007.